12월의 모든 역사

한국사

한국사

12月

12월의 모든 역사

● 이종하 지음

디오네

매일매일 일어난 사건이 역사가 된다

역사란 무엇일까. 우리는 왜 역사에 관심을 갖는 것일까.

이 책을 쓰는 내내 머릿속을 맴돌던 질문이다.

아널드 토인비는 역사를 도전과 응전의 개념으로 설명한 바 있다. 그것은 인류사 전체를 아우르는 커다란 카테고리를 설명하기에는 더없이 좋은 개념이다. 그러나 미시적인 문제로 들어가면 이야기가 달라진다. 나일 강의 범람 때문에 이집트에서 태양력과 기하학, 건축술, 천문학이 발달하였다는 것은 도전과 응전으로 설명이 가능하지만, 예술사에서 보이는 사조의 뒤섞임과 되돌림은 그런 논리만으로는 설명이 안 된다.

사실 역사란 무엇인가에 대한 관심은 대학 시절 야학 교사로 역사 과목을 담당하면서 싹텄다. 교과서에 나와 있는 대로 강의를 하는 것은 죽은 교육 같았다. 살아 있는 역사를 강의해야 한다는 생각에 늘 고민이 깊었다. 야학이 문을 닫은 후에 뿌리역사문화연구회를 만든 것도 그런 고민을 해결하지 못했기 때문이다.

약 10년간 뿌리역사문화연구회를 이끌면서 '어린이와 청소년을 위한 교실 밖 역사 여행' '어린이 역사 탐험대'를 만들어 현장에서 어린이와 청소년을 만났다. 책으로 배우는 역사와 유적지의 냄새를 맡으며 배우는 역사는 느낌이 전혀 달랐다. 불이학교 등의 대안학교에서 한국사 강의를 맡았을 때도 그런 느낌은 피부로 와 닿았다.

그렇다고 역사를 현장에서만 접해야 한다는 것은 아니다. 역사 자체는 어차피 관념 속에 있는 것이며, 그것이 우리에게 구체적으로 구현되는 것은 기록을 통해서이기 때문이다. 역사는 과거이며, 그 과거는 기록으로 존재한다. 그러나 현재에 펼쳐진 과거의 기록은 현재를 해석하는 도구이고, 결국 미래를 향한다.

이 책은 매일매일 일어난 사건이 역사가 된다는 사실에 기초하여, 1월 1일부터 12월 31일까지 일어난 중요한 사건들을 날짜별로 기록한 것이다. 사건의 중요도에 따라 집필 분량을 달리하였으며, 『1월의 모든 역사 - 한국사』『1월의 모든 역사 - 세계사』처럼 매월 한국사와 세계사로 구분하였다. 1월부터 12월까지 총 24권에 걸쳐 국내외에서 일어난 중요한 역사적 사실들을 흥미진진하게 담았다.

이 책에 나와 있는 날짜는 태양력을 기준으로 하였다. 음력으로 기록된 사건이나 고대의 기록은 모두 현재 사용하는 태양력을 기준으로 환산하여 기술하였다. 고대나 중세의 사건 가운데에는 날짜가 불명확한 것도 존재한다. 그것들은 학계의 정설과 다수설에 따라 기술했음을 밝힌다.

수년에 걸친 작업이었지만 막상 책으로 엮으니 어설픈 부분이 적지 않게 눈에 들어온다. 앞으로 그것들은 차차 보완을 거쳐 이 시리즈만으로도 인류 역사의 대부분을 일견할 수 있도록 만들고 싶다.

이 책을 쓰다 보니 매일매일을 성실하게 노력하며 살아야겠다는 생각이 든다. 매일매일의 사건이 결국 역사가 되기 때문이다.

이종하

12月

12月

12월의
모든 역사

12월 1일

■
·
■

930년 12월 1일

태조 왕건, 서경에 학교를 설치하다

고려시대에는 교육을 장려하기 위해 '학보'라는 육영재단을 설치하였다. 이것은 930년에 서학박사 정악이 주관하는 서경 학교에 태조 왕건이 장학기금으로 미곡 100섬을 내린 데에서 비롯되었다. 이를 대여하여 얻어진 이자로 학교를 운영하였다.

우리나라는 연고문화의 폐해가 심각하다는 지적을 곧잘 받는다. 이른바 혈연, 지연, 학연이 그것이다. 특히 국적은 변해도 학적은 평생토록 변하지 않아서인지 학연에 대한 집착이 남다르다. 하지만 부작용이 있다고 해서 학교의 필요성까지 부정할 사람은 아무도 없을 것이다. 이것은 기록상으로만 따져도 고구려 소수림왕 때부터 존재해 온 역사적 산물이다. 사회의 진화에는 그만큼 교육이 필수적이었던 것이다.

우리나라에서 학교 교육이 체계를 갖추고 본격적으로 이루어지기 시작한 것은 고려 이후이다. 『고려사』에 따르면 성종 11년(992)에 처음으로 개경에 오늘날의 국립대학이랄 수 있는 국자감國子監이 설치되었다. 또 지방에는 향교鄕校를 설치하여 전국적으로 교육의 기회를 제공하고자 하였다.

지금도 그렇듯이 교육이란 인간의 가치를 높이고자 하는 본질적인 목적 이외에도 인재를 등용하려는 부가적인 목적을 지니고 있다. 그에 따라 고려 광종 이후로는 과거제가 정착되어 더욱 학교 교육이 중요한 의미를 지니게 되었다.

고려시대 때 지방에 설치한 최초의 교육기관은 태조 왕건이 세운 서경학교였다. 본래 서경(지금의 평양)은 오랫동안 고구려의 수도로서 정치·문화의 중심지로 번영했던 곳이다. 그러나 신라의 삼국통일 이후 이곳은 졸지에 서북 변경이 되어 오래도록 중앙에서 소외되었다. 특히 신라 말기, 중앙의 통제력이 약화되면서 자주 북방 오랑캐의 침략에 시달렸다. 하지만 왕건은 고려를 건국한 후 이곳을 우대하는 정책을 펼쳤다. 당시 호족들의 세력이 너무 강해 그에 대응할 만한 새로운 세력 기반이 필요했던 것이다.

왕건이 서경에 관심을 쏟은 데에는 이런 이유 외에도 북진 정책의 근

거지라는 국방상의 목적과 풍수지리적으로 매우 중요하다는 도참사상
도 깔려 있다. 이 때문에 왕건은 이곳에 잦은 행차를 하고 여러 군현의
양가집 자제들을 이주시켜 가구 수를 늘려 나갔다. 아울러 서경의 주민
들을 유교적 이념으로 교화시키기 위해 적극적인 교육 정책을 시행했
다. 태조 곁에는 나말 6두품 출신으로 유교의 세례를 받은 최언위나 최
지몽 같은 이들이 있어 이를 뒷받침하였다.

그리하여 태조 왕건은 재위 13년(930) 12월 1일 서경에 행차했을 때,
이곳에 학교를 설치하라는 역사적인 명령을 내렸던 것이다. 그런데 『고
려사절요』에는 서경에 학교를 설치한 것과 관련해 다음과 같이 적혀
있어 많은 의문점을 자아낸다.

태조 13년 12월, 서경에 행차하여 학교를 세웠다. 이에 앞서 서경에는 학
교가 없었는데 정학을 서학박사로 삼아 머물게 하였다. 정악은 따로 학원
을 창립하여 6부의 생도를 모아 가르쳤다.

여기서 '따로'라는 표현 때문에 학교와 학원의 관계를 놓고 여러 의견
들이 대립하고 있다. 학교를 학원보다 상위 기구로 보는 견해와 그 반대
의 견해, 학교를 먼저 세우고 학원을 뒤에 따로 세웠다는 견해 등이 그
것이다. 한편 당시의 형편상 두 개의 교육기구를 설치하긴 힘들었을 것
이므로 서경에 설치한 학교가 곧 학원이라는 주장도 있다. 사실 학원은
신라 말에 청주에서 그 지역 호족이 운영한 사례가 있기도 하다.

서경의 학교 설치는 이밖에도 또 하나의 문제를 던져주고 있는데, 그
것은 같은 시기 수도인 개경에는 과연 학교가 존재하였는가의 여부이
다. 사료상으로는 그런 기록이 명백히 나타나지 않기 때문이다. 하지

만 정황상으로도 그렇고 이런저런 사료의 파편을 모아 봐도 개경엔 당연히 학교가 설치되어 있었다는 게 학계의 견해이다. 태조의 각별한 관심으로 서경에 태조 5년경부터 중앙 행정기구를 모델로 하는 독립적인 분사가 설치되기 시작하자, 나중에 개경의 어떤 교육기관을 모방하여 서경에 학교가 설치되었다는 것이다.

이에 따라 성종대에 국자감이 처음 설립되었다는 기사도 다시 해석되었다. 즉 태조가 개국 직후 신라의 국학을 본뜬 교육기구를 개경에 설치하였는데, 성종이 이를 국자감으로 개편한 사실을 뜻하는 것으로 보고 있다. 혹은 단순히 국자감 건물을 창건한 것으로 이해하기도 한다.

서경의 학교에 어떤 과목이 설치되고 학생 수는 얼마이며 입학 자격은 어떠하였는지는 잘 알 수가 없다. 다만 서경이 고려 3경의 하나로서 일반 군현의 향교와는 그 차원이 달랐을 것이다. 예종 때 설치된 분사 국자감은 바로 이것의 연장선으로 보인다.

1967년 12월 1일

창칼 파동이 일어나다

1968학년도 중학교 입학시험이 1967년 12월 1일에 치러졌다. 그런데 미술 과목 13번 문항 '목판화를 새길 때 창칼을 바르게 쓴 그림은?' 이 문제가 되었다. 원래는 2번 '앞으로 당기는 것'만 정답이었는데, 경기중학교에서 3번 '뒤로 당기는 것'도 정답으로 인정하면서 시비가 생긴 것이었다.

경기중학교 시험에서 떨어진 학생의 부모들은 학교 측이 서울시 교육위원회의 채점 기준을 따르지 않았다며 시위를 벌이고 교장과 교감을 연금하였다. 그리고 경기 지역과 서울 지역 중학교 낙방생 학부모 549명은 소송을 제기하였다. 하지만 재판에서 패소해 결국 불합격으로 처리되었다.

3년 전인 1964년 12월에 벌어진 '무즙 파동'에 이어 '창칼 파동'까지 벌어지자 중학교 입시는 존폐의 위기에 몰렸다. 이 사태로 인해 이듬해인 1968년 7월 15일 문교부는 중학교 입시를 전면 철폐한다고 발표하였다. 이로써 1969년부터는 중학교 무시험 입학 전형이 실시되었다.

* 1964년 12월 7일 '무즙 파동이 일어나다' 참조
* 1968년 7월 15일 '중학교 입시가 철폐되다' 참조
* 1969년 2월 5일 '중학교 무시험 입학 추첨 실시' 참조

―

1961년 12월 1일

「연호에 관한 법률」 제775호 제정

―

5·16 군사정변 이후 국가재건 최고회의가 국제 조류에 따르고자 1961년 12월 1일 「연호에 관한 법률」 제775호를 제정하여 대한민국 공용연호를 서력기원으로 하기로 결정하였다. 이에 따라 종전까지 시행되어 오던 「연호에 관한 법률」 제4호 '대한민국의 공용연호는 단군기원으로 한다'는 폐지되었다. 그리고 공문서에 단기로 표시된 연대는 당해 연대에서 2333년을 감해 이를 서력연대로 간주하게 되었다.

우리나라에서 서기를 연호로 처음 사용한 것은 고종 32년(1895), 즉

조선 개국 504년이 지난 후였다. 고종 황제가 조칙에 의해서 음력 11월 17일을 개국 505년(1896) 양력 1월 1일로 하는 개력을 단행한 때부터이다.

그러나 해방 이후인 1948년 9월 25일에는 「연호에 관한 법률」 제4호가 공포되어 단기 연호가 공식적으로 사용되었다. 일제가 우리 민족의 주체성을 말살하기 위해 일본의 연호인 '쇼와昭和'를 쓰도록 일제 시대 때 강요하였기 때문에 우리의 연호인 단군연호를 다시 찾아 서기 1948년을 단기 4281년으로 사용하게 된 것이다.

그러다가 1961년 「연호에 관한 법률」이 공포됨에 따라 단기 4295년 1월 1일을 서기 1962년 1월 1일로 사용하게 됨으로써 지금까지 세계 각국과 함께 서기를 공용하여 시행하고 있다.

* 1896년 1월 1일 '태양력을 처음 사용하다' 참조

1980년 12월 1일

한국방송공사, 첫 컬러텔레비전 방송 시작

1980년 12월 1일, 이광표 문공부장관이 한국방송공사KBS 청사에서 컬러텔레비전 방송 스위치를 누름으로써 우리나라에서도 컬러텔레비전 방송시대가 열렸다. 그 뒤 하루 세 시간씩 시험방송을 거쳐 12월 22일에는 KBS 1, 2TV와 MBC까지 모두 컬러텔레비전 방송을 시작하였다.

컬러텔레비전 방송은 1970년대 중반부터 거론되기 시작했는데, 박정희 대통령이 국민들에게 위화감을 준다는 이유로 반대했기 때문에

늦춰지고 있었다.

그러다 1979년 미국이 우리나라에서 수출하던 컬러텔레비전의 수입 물량을 규제하게 되자 남아도는 생산 물량을 내수 시장으로 돌리기 위해 1980년 8월부터 컬러텔레비전이 본격적으로 시판되었다. 이에 발맞추어 그해 12월 1일부터 컬러텔레비전 방송을 시작하게 된 것이다.

* 1980년 8월 2일 '컬러텔레비전이 처음 시판되다' 참조

12월의
모든 역사

12월 2일

■
·
■

—

1980년 12월 2일

부여 정림사 터, 2차 발굴이 시작되다

—

-부여 정림사지 5층 석탑. 백제시대의 석탑이 목조건축을 따르고 있음을 보여 주는 아주 중요한 탑이다. 이후 비슷한 형식의 탑이 많이 만들어졌다.

광복 70돌이 가까워지고 있지만 지금 우리 땅에는 무수한 일제 잔재들이 널려 있다. 언어에서부터 건축물에 이르기까지 여러 분야에 걸쳐 있다. 식민지의 후유증이라고 생각하고 넘기기에는 상태가 심각하다. 광복 이후 제대로 된 역사 청산이 없었기 때문에 더욱 심화되었다고 할 수 있다.

역사에서 패배의 그늘은 늘 짙고도 길게 드리우는 것일까? 옛 백제 땅에 가면 나당 연합군에게 멸망한 백제의 쓰라림을 알려 주는 흔적들이 아직도 오롯이 남아 있다. 백제의 사적을 대표하는 정림사지에 너무도 아름다운 자태로 서 있는 석탑 하나도 그렇게 상처를 받았다.

어느 곳보다도 우아하고 부드러운 문화를 만들어 냈으나 그 모든 것이 적의 말발굽에 짓밟혀 버린 부여는 옛 고도에 어울리는 많은 유적들이 남아 있는 경주와는 분위기가 사뭇 다르다. 1세기가 넘도록 백제의 수도로서 찬란한 문화를 꽃피웠던 곳이라 무언가 신비로움을 기대한다면 그것은 역사에 대한 선택적 기억이 만들어 낸 하나의 환상일 뿐이다. 오히려 허전하고 스산한 백제의 공기가 우리로 하여금 '잃어버린 백제'를 아쉬워하게 만든다.

이런 가운데 정림사 터에는 금방이라도 하늘로 날아오를 듯한 늘씬한 석탑이 서 있어 백제 문화의 진수를 보여 주고 있다. 이것은 목탑을 지나 비로소 석탑으로 완성된 형태라는 의미도 지닌다. 중국의 사서 『북사』는 '백제에 탑이 매우 많다'고 기록하고 있지만 부여에는 오직 정림사지 석탑만이 살아남았다.

그런데 이 탑은 1970년대 초까지만 해도 보통 '평제탑平濟塔'으로 불렸다. 여기에는 그럴 만한 이유가 있었다. 당나라의 소정방이 백제 평정 사실을 기리고자 1층 탑신에 '대당평백제국비명大唐平百濟國碑銘'으로 시작되는 글을 새겼던 것이다. 조선의 독립성을 깎아 내리는 데 혈안이 되었던 일제에게 이것은 훌륭한 먹잇감이었다. 그들이 굳이 탑의 이름을 모욕적인 '평제탑'으로 붙인 것도 그래서였다.

하지만 탑에 적힌 기록을 보면 글을 새긴 날과 당나라군이 부여에 들어온 날과는 불과 한 달 남짓 차이가 난다. 이 짧은 기간에 과연 정림사 석탑 같은 큰 건축물을 세우는 것이 상식적으로 가능할까? 더욱이 같은 내용을 새긴 석조가 나중에 발견되어 정림사 석탑이 소정방의 공을 기념하기 위해 세웠다는 주장은 설득력이 떨어졌다. 결국 본래부터 세워져 있던 정림사 석탑에 소정방의 전공을 기록한 것임을 알 수 있다. 이후 탑의 이름도 '정림사지 5층 석탑'으로 바뀌었다.

그런데 이 탑이 있던 절 이름이 백제시대에도 정림사였는지에 대해서는 100% '그렇다'고 대답하기는 어렵다. 그럴 수도 있고 아닐 수도 있기 때문이다. 1942년 일제는 후지사와를 앞세워 정림사 터에 대한 조사를 실시하였다. 이때 '태평팔년 무진 정림사 대장당초太平八年戊辰定林寺大藏當草'라고 새겨진 기와 조각이 발견되어 비로소 이곳에 '정림사'라는 절이 있었음을 알게 되었다. 문제는 '태평팔년'인데, 이것은 고려 현종 19년인 1028년이다. 즉 고려 때는 정림사로 불린 것이 확실하나 그렇다고 이것을 백제 때부터 사용한 이름이라고 단정 지을 수는 없는 것이다.

이후 정림사 터는 1980년 12월 2일 충남대 박물관의 주관으로 2차 발굴 조사가 이루어졌다. 이를 통해 금당지金堂址, 중문지中門址, 강당지講堂址, 회랑지廻廊址 등이 확인되었고 또한 석탑 기초의 판축기법版築技法, 다량의 와당과 격목와格木瓦 등이 발견되었다. 이로써 백제시대에 정림사가 창건되었음이 분명하게 되었다. 그리고 다시 1980년, 1983년, 1984년에 발굴을 실시하였다.

그 결과, 정림사는 3,000평가량의 대지에 남북을 축으로 중문 · 석탑 · 금당 · 강당이 일렬로 배치되고 그 주위를 회랑이 둘러싸는 전형적인 백제의 '남북일탑식가람'으로 드러났다. 더불어 절 문 앞에는 두 연못이 따로 조성되어 사찰의 운치를 더욱 높여 주고 있다. 출토된 유물로는 백제와 고려시대의 기와 조각들, 백제의 벼루와 삼족토기 등이 있다.

정림사가 세워진 시기는 절의 위치나 크기 등으로 보아 부여 천도 (538) 후 얼마 되지 않은 때로 추정되고 있다. 그 후 불에 탄 것을 고려 때 재건했다는 것이 정설이다. 백제 석탑의 기원은 대개 7세기 초에 건축된 미륵사 석탑으로 판단하고 있다. 하지만 정림사의 창건 연대와 지역적인 측면에서 정림사 석탑이 앞선다는 주장도 강하다.

한편 석탑 이외에도 정림사에는 석불좌상이 또 있는데, 이것도 고려시대의 작품이다. 정림사 터에 백제와 고려라는 비동시적인 것이 동시적으로 존재하고 있는 셈이다.

1902년 12월 2일

우리나라 최초의 극장 협률사, 「소춘대유희」 공연

고종의 즉위 40주년을 맞아 궁내외 대신 등이 뜻을 모아 위로잔치를 베풀기로 했다. 이 잔치를 칭경예식稱慶禮式이라 했는데, 여기에 참석하게 될 외국의 귀빈들을 위해 신식 설비를 갖춰 현재 서울 서대문구 신문로 새문안교회 자리에 극장을 만들었다. 이것이 우리나라 최초로 극장 구조를 갖춘 국립극장 협률사이다. 하지만 예식이 연기되었고, 이에 협률

사 무대는 영업적인 장소로 활용되었다.

그리고 1902년 12월 2일 협률사에서는 「소춘대유희笑春臺遊戲」라는 이름의 공연이 개최되었다. '소춘대유희'란 어떤 특정한 작품이 아니라 기녀들의 춤, 판소리, 명창들의 소리, 경서도 명창들의 소리, 재인들의 무동춤 등이 복합적으로 구성된 연희였다.

하지만 이것이 나라의 풍속을 망치고 국민들의 심신을 흐리게 한다고 관원들이 고종에게 건의함으로써, 1906년 4월 말경에 폐지되었다.

1947년 12월 2일

독립운동가 장덕수 피살

1947년 12월 2일, 동아일보 부사장과 한국민주당 정치부장을 역임했던 장덕수가 종로경찰서 경사 박광옥과 초등학교 교사 배희범에게 암살당하였다. 그의 나이 54세였다.

범인의 배후에는 한국독립당 중앙위원 김석황 등이 연결되어 있는 것으로 알려졌다. 당시 한국민주당과 한국독립당은 1947년 5월부터 제2차 미소공동위원회 참가 여부를 놓고 갈등 관계에 있었는데, 박광옥과 배희범은 모두 한국독립당 당원이었다.

1895년 황해도 재령에서 빈농의 셋째 아들로 태어난 장덕수는 14세 때 부친을 잃고 편모슬하에서 빈궁한 생활을 하였다. 각고의 노력 끝에 조선총독부의 판임관 시험에 합격하고 일본으로 건너가 와세다 대학교에서 공부하였다. 이 무렵 후에 한국민주당의 지도자가 될 김성수, 송진우, 최두선, 김양수 등과 교우하였다.

졸업 후에는 상하이로 건너가 독립운동을 하다가, 1918년 여운형 · 김규식 등과 신한청년당을 조직하였다. 이듬해 국내로 잠입하다 체포되어 거주 제한을 당하였으나 여운형의 통역관이 되면서 풀려났다.

1920년에는 「동아일보」 초대 주필이 되었고, 1923년에는 미국으로 건너가 이승만, 허정과 「3 · 1신보」를 발간하였다. 1936년에는 동아일보사 부사장이 되었으며, 8 · 15 해방 뒤에는 송진우, 김병로 등과 한국민주당을 창당하고 당 외교부장, 정치부장을 역임하였다.

특히 이승만의 측근으로서 좌우 합작에 반대하고 남한만의 단독 정부를 주장함으로써 분단 체제를 형성하는 데 영향을 미쳤다. 이것이 단독 정부 수립에 반대하는 김구 중심의 한국독립당을 자극시켰던 것이다.

한편 주범 박광옥 · 배희범에게 사형이 언도됨으로써 이후 배후에 대한 추적은 종결되었다.

12월의
모든 역사

12월 3일

.
.
.

1997년 12월 3일

국제통화기금에 구제금융을 신청하다

국제통화기금IMF과 우리나라 사이에 맺은 양해각서의 주요 내용은
다음과 같다.

1. 금융 구조 조정 : 금융개혁 관련 법안의 연내 국회 통과 및 부실
금융기관의 정리를 위한 퇴출 기준의 정립과 부실채권 정리 노력
가속화
2. 무역 · 자본시장 개방 : 기존 개방계획의 틀 안에서 당초 일정보
다 앞당기는 방안 추진
3. 부실기업 정리를 위한 재정 자금의 지원 억제 : 기업 재무구조
개선 및 상호보증 감축을 통한 경영 위기 감소
4. 노동 시장 유연성 확보 및 외환 관련 정보의 투명한 공개
5. 금융실명제의 기본 골격 유지

1997년 1월 한보그룹이 부도 처리됐다. 3월에는 삼미그룹이, 이어 4월에는 진로그룹이 줄줄이 도산했다. 7월에는 재계 순위 8위인 기아가 부도 처리됐다. 이로 인해 우리나라의 외환보유고는 급격히 고갈됐다. 그해 11월 10일 김영삼 대통령은 홍재형 전前 경제부총리의 다급한 전화를 받았다.

"각하, 아무래도 국제통화기금IMF의 지원을 받아야 할 것 같습니다. 잘못하면 국가 부도가 날 수 있습니다!"

그날 아침에는 환율사상 처음으로 달러당 1,000원을 돌파하였다. 김영삼 대통령은 그제야 외환 위기의 심각성을 인지하였다. 그로부터 나흘 뒤인 11월 14일 김영삼 대통령은 IMF로부터 구제금융 지원을 받기로 사실상 결정하였다.

그리고 11월 21일 정부는 임창렬 부총리 겸 경제기획원 장관을 통해 IMF 구제 금융을 수용한다는 발표를 하였다. 여기에는 대외채무를 갚지 못해 발생할 국가부도 사태를 예방하기 위해서 IMF의 강력한 경제 개혁 요구들을 받아들인다는 조건이 붙었다.

이어 12월 3일 IMF 총재 미셸 캉드쉬는 서울 종로구 세종로에 있는 정부중앙청사에서 임창렬을 만나 구제금융 합의서, 즉 '대기성 차관 협약을 위한 양해각서'를 체결하였다.

이에 따라 IMF · 국제부흥개발은행 · 아시아개발은행 등 3개 국제금융기구 지원금 350억 달러, 미국 · 일본 등 7개국 협조융자 250억 달러를 합쳐 우리나라는 총 550억 달러의 긴급자금을 지원받게 되었다. 대신에 정치, 사회, 문화 등 경제 정책 전반이 IMF 및 미국의 절대적 영향권에 놓이게 되었다.

IMF 환란의 직접적인 원인은 당시 동남아시아의 연쇄적 외환위기 속에 정부의 외환관리 정책 미숙과 실패 탓이었다. 정상적인 경제활동을 위한 국가의 외환보유고를 유지 · 관리하고 책임지는 행정 시스템이 제대로 작동하지 않았던 것이다. 따라서 외환보유고가 하락해 외환 지급 불능 사태의 위기를 초래했다.

이로 인해 국가신용도가 하향 조정됐고 원화 가치의 환율이 급격히 하락하는 등 연쇄적으로 국제적인 경제활동에 막대한 지장을 초래했다.

이후 우리나라는 IMF 관리 체제에 들어갔다. 이를 극복하기 위해서 IMF에서 요구하는 조건들을 수행해야 했다. 특히 이 과정에서 많은 회사들이 부도 및 경영 위기를 맞았고 대량 해고와 경기 악화로 인해 큰 어려움을 겪었다. 또한 이 일로 1997년 대통령 선거에서 여당이던 신한국당이 패배하며 정권이 교체되었다.

새로 들어선 김대중 정부는 대대적인 금융, 기업, 공공 부문의 개혁을 통해 위기를 극복하기 위한 노력을 하였다. 특히 1998년 1월부터 시작된 금 모으기 운동을 통해 한 달 만에 20억 달러에 가까운 16만 4,000여kg의 금이 쌓일 정도로 국민들의 적극적인 참여가 큰 힘을 발휘하였다.

마침내 2001년 8월 23일 기획재정부가 한국은행에서 195억 달러의 외환 보유액을 전액 상환함으로써 IMF 구제 금융의 관리 체제가 종료되었다.

* 2001년 8월 23일 '국제통화기금 관리 체제 종료' 참조

1921년 12월 3일

조선어 연구회 창립

1921년 12월 3일 선구적 한글학자인 주시경의 영향을 받은 임경재, 최두선, 이규방, 권덕규, 장지영 등 15명이 휘문의숙에서 국어의 정확한 법리法理를 연구할 목적으로 조선어 연구회를 창립했다. 간사장은 임경재, 간사는 장지영, 최두선이었다.

조선어 연구회는 우리나라 최초의 국어연구 학회로, 학문 연구뿐 아니라 말과 글을 통해 민족정신을 고취시키는 활동을 했다. 이후 조선어 연구회는 1931년 1월 '조선어 학회'로 개칭하였으며, 1933년에는 국어 표기의 준거가 된 '한글 맞춤법 통일안'과 '외래어표기법'을 제정·발표하는 등 한글의 보급과 발전에 힘썼다.

하지만 1942년 10월에 벌어진 조선어 학회 사건으로 관련자 수십 명이 검거되면서 해체의 길을 걸었다. 이후 조선어 학회는 8·15 광복과 함께 부활하여 이듬해인 1949년 9월에 '한글학회'로 개칭되었다.

* 1933년 10월 19일 '조선어 학회, 한글 맞춤법 통일안 마련' 참조
* 1942년 10월 1일 '조선어 학회 사건이 발생하다' 참조

1995년 12월 3일

전두환 전前 대통령 구속 수감

1995년 12월 3일 전두환 전前 대통령이 군형법상 반란 수괴, 불법 진퇴, 지휘관 계엄지역 이탈, 상관 살해 및 미수, 초병 살해 등 6개 혐의로 구속됐다.

이에 앞서 12·12 사태와 5·18 사건을 수사하던 서울지방 검찰청 특별수사본부는 전두환을 소환 조사하려고 했다. 하지만 전두환은 이것을 무시하고 '대국민 담화문'을 발표한 후 고향인 경남 합천에 내려가 있던 상태였다.

이에 검찰은 법원으로부터 사전 구속영장을 발부받아 검거에 나섰다. 검거반은 주민들과 한참 동안 실랑이를 벌이다 전두환이 묵고 있는 내실로 들어가 영장을 집행했다. 그리고 이날 바로 전두환은 압송돼 경기도 안양교도소에 수감되었다.

이후 1996년 8월에 열린 1심에서 국가 반란죄와 부정축재 혐의로 전두환은 사형을 구형받았다. 이어 12월에 서울고등법원에서 무기징역을 선고받았으며 이듬해 4월 17일에 대법원에서 무기징역과 추징금 2,205억 원을 부과받았다.

하지만 전두환은 김대중 정부 출범 이후인 지역감정 해소 및 국민 대화합이라는 명분 아래 1997년 12월 22일 특별 사면으로 풀려났다.

* 1988년 11월 23일 '전두환 전前 대통령, 설악산 백담사 은둔' 참조

1978년 12월 3일

경기도 가평에서 철기시대 집자리 발굴

1978년 12월 3일, 경기도 가평군 이곡 2리에서 1~2세기경에 존재한 것으로 추정되는 철기시대 집자리(주거지) 유적이 발굴되었다.

철기 2기층에서 조사된 집자리는 직경 5m, 움 깊이 0.7m의 원형 움 집자리였다. 바닥에는 점토를 10cm 두께로 펴 다졌고 내부에서는 벽체 기둥으로 보이는 14개 소가 조사되었다. 화덕 시설은 파괴가 심해 확실한 양상을 파악하기가 어려웠지만 동남편에서 64×50cm 크기의 것과 그 남쪽에서 소형 1개가 조사되었다.

또 무문토기인 외반입술항아리, 내반입술항아리, 토기뚜껑 등이 회청색경질토기, 시루편, 쇠뿔모양손잡이 등과 함께 출토되었다. 신석기시대 말부터 철기시대까지에 해당되는 유물이었다. 이밖에도 돌화살촉 2점, 철편 1점, 철재 1점, 토제 풍관 파편 등도 반출되었다.

12월의
모든 역사

12월 4일

■
．
■

1884년 12월 4일

갑신정변이 일어나다

1. 대원군을 조속히 귀국시키고 청에 대한 조공 허례를 폐지할 것

2. 문벌을 폐지하고 백성의 평등권을 제정하여 재능에 따라 인재를 등용할 것

3. 전국의 지조법을 개혁하고 간리(간사한 관리)를 근절하며 빈민을 구제하고 국가재정을 충실히 할 것

4. 내시부를 폐지하고 재능 있는 자만을 등용할 것

5. 전후 간리와 탐관오리 가운데 현저한 자를 처벌할 것

6. 각 도의 환상미還上米는 영구히 면제할 것

7. 규장각을 폐지할 것

8. 시급히 순사를 설치하여 도적을 방지할 것

9. 혜상공국을 폐지할 것

10. 전후의 시기에 유배 또는 금고된 죄인을 다시 조사하여 석방시킬 것

11. 4영을 합하여 1영으로 하고, 영 가운데서 장정을 뽑아 근위대를 급히 설치할 것. 육군대장은 왕세자로 할 것

12. 일체의 국가재정은 호조에서 관할하고 그 밖의 재정 관청은 금지할 것

13. 대신과 참찬은 날을 정하여 의정부에서 회의하고 정령을 의정, 집행할 것
14. 정부 6조 외에 불필요한 관청을 폐지하고 대신과 참찬으로 하여금 이것을 심의 처리하도록 할 것

-『갑신일록』, 14개 조 혁신 정강

일본에서 10년째 망명 중이던 김옥균은 1894년 주일공사 이경방의 초청으로 청나라를 방문하였다. 청나라의 병권과 외교권을 장악한 이홍장을 만나 회담하기 위해서였다. 도쿄에 있던 그의 동지들은 호랑이굴에 들어가는 짓이라며 만류했지만 그의 결심은 이미 확고부동했다. 그는 "5분만이라도 이홍장과 이야기할 시간이 주어진다면 운명은 나의 편이 될 것"이라며 호기를 부렸다.

그러나 이홍장을 만나기도 전에 김옥균은 상하이에서 동행했던 홍종우에게 암살당하였다. 그의 시신은 곧 청나라 군함으로 조선에 송환되어 한강변 양화진에서 능지처참을 당하고 말았다. 갑신정변의 실패가 가져다 준 한 개화사상가의 슬픈 말로였다.

우리나라에서 개화사상의 선구자 역할을 한 인물은 박규수와 유대치, 오경석 등을 들 수 있다. 김옥균·박영효·김윤식 등도 박규수의 사랑방을 드나들면서 함께 개화사상을 받아들였다.

그러나 박규수가 사망한 후 개화파들은 온건파와 급진파로 갈라졌는데, 김옥균·박영효 등 젊은 피들이 포진한 급진파는 김홍집·김윤식 등 주로 집권세력이 포함된 온건파를 수구당으로 몰아붙이고 자신들은 개화당으로 불렀다. 온건파는 서양의 기술은 채용하되 사상과 종교 등은 우리의 것을 고수하자는 입장이었고, 급진파는 기술과 사상 모두 받아들이자는 것이었다.

그러나 조선은 아직 이런 급진파의 주장을 소화할 만한 국민들의 의식이 형성되지 못한 상태였다. 따라서 지지는커녕 위험한 주장으로 흘겨보기 일쑤였다.

임오군란으로 청이 국내의 정치에 깊숙이 개입하면서 자주근대화를 추구하는 급진파는 더욱 소외되었다. 더구나 개화당이던 민영익이 돌

연 집권파에 가담하고 김옥균은 일본에서 300만 원의 차관을 도입하는
데 실패하여 더욱 입지가 궁색해졌다. 그러자 급진파는 정변을 일으켜
자신들이 직접 정권을 잡아 근대자주국가를 수립하는 최후의 카드를
테이블에 올렸다.

이들은 청나라가 베트남 문제를 놓고 프랑스와 전쟁을 벌이게 되자,
청이 조선에 깊이 관여하지 못할 것으로 보고 이를 좋은 기회로 여겼
다. 그리하여 우정국 개국을 축하하는 연회에서 행동에 들어가기로 결
정했다. 일본공사관에게는 사전에 그 계획을 알렸다.

드디어 거사일인 1884년 12월 4일 저녁 7시. 우정국 청사로 국내의
주요 인사들과 각국의 외교사절들이 속속 도착했다. 예정된 안국동별
궁의 방화는 이루어지지 못하고, 밤 10시 경 우정국 북쪽에서 "불이야"
소리와 함께 민가에서 불길이 솟자 이를 신호로 정변이 시작되었다.

민영익은 뭔가 낌새를 눈치 채고 급히 빠져나갔다가 행동대의 칼을
맞고 우정국에 다시 들어와 쓰러졌다. 김옥균은 먼저 일본공사관에 들
러 그들의 의지를 확인하고 곧바로 창덕궁에 들러 고종 부부를 방어하
기에 유리한 경우궁으로 모셔갔다.

고종은 김옥균의 요청에 따라 급히 "일본공사는 와서 짐을 호위하라"
는 친서를 다케조에에게 보냈다. 고종이 경우궁 뜰에 이르렀을 때, 다
케조에도 일본군 200명을 이끌고 도착해 경우궁을 수비하였다. 이어
경우궁에 들어온 한규직 · 윤태준 · 이조연 · 민태호 · 민영목 · 조영하
등을 모조리 처단하였다. 이로써 수구파의 핵심들 대부분이 제거되었
다.

개화당은 이튿날 일찍 국왕의 사촌형인 이재원을 영의정, 좌의정에
홍영식, 호조참판에 김옥균 등을 임명한 새로운 정부를 발표했다. 이것

은 개화당 인사부터 왕실과 척족까지 아우른 일종의 거국내각이었다. 하지만 인사권이나, 재정권, 군사권 등은 개화당 세력이 장악하였다.

명성황후는 경우궁이 너무 좁아 불편하다며 창덕궁으로 환궁을 요구했다. 이 정변이 명백히 자신을 반대하고 있는 것을 알고 있어 청의 도움을 기대한 것이었다. 이에 김옥균의 반대에도 불구하고 수비에 자신 있다는 다케조에의 호언으로 고종 부부는 창덕궁에 돌아왔다.

이후 개화당은 '조공하는 허례를 폐지하고 국내 재정은 모두 호조에서 관할케 한다'는 등의 신정부가 실시할 「혁신정강」을 12월 6일에 선포했다. 그러나 이날 오후 청나라 군대가 창덕궁을 공격하자 일본군은 호언과는 달리 재빠르게 공사관으로 퇴각하였다. 청군에게는 아직 1,500명의 군사가 남아 있어 일본의 병력으로는 상대가 되질 않았기 때문이다.

김옥균과 박영효, 서광범, 서재필 등은 할 수 없이 다카조에를 따라 일본으로 망명했다. 이로써 갑신정변은 불과 '3일 천하'로 끝나고 말았다. 이 사건은 비록 일제의 개입이라는 한계가 있었지만 청나라에 대한 종속관계를 청산하려고 시도한 것은 역사적으로 커다란 의의를 지닌다.

* 1882년 6월 5일 '임오군란이 발생하다' 참조
* 1882년 8월 30일 '제물포 조약 체결' 참조

1394년 12월 4일

조선의 태조, 종묘 건축을 시작하다

TV 사극, 특히 조선왕조를 다룬 드라마를 시청하다 보면 '종묘사직'이 위태롭다거나 이를 보존해야 한다는 식의 표현을 자주 들을 수 있다. 본래 종묘宗廟란 역대 임금과 왕후의 신위를 모셔 놓은 왕실의 사당을 말하고, 사직祀稷은 농경사회에서 땅과 곡식의 신에게 제사 드리는 곳을 가리킨다.

왕조시대에는 그 체제의 성격상 종묘와 사직에서의 제사가 곧 국가의 운영 차원에서 실행되는 것이나 마찬가지였다. 이 때문에 '종묘사직'은 나라의 역사와 뿌리를 상징하는 매우 신성한 곳으로서 결국 국가 그 자체를 의미하게 된다.

종묘는 중국 고대까지 거슬러 올라갈 만큼 그 역사가 길다. 예를 중시하는 유교에서 역대 임금에게 제사를 지내는 의식은 국가의 으뜸가는 행사였다. 처음에는 7대조까지 봉안하는 7묘제를 실시하였는데, 명나라에 와서 9묘제로 확대되었다.

우리 역사에서도 이미 삼국시대에 종묘를 세운 기록들이 나타나고 있다. 신라는 제후의 예를 따라 5묘제를, 대내적으로 황제를 자칭했던 고려는 주로 7묘제를 채택하였다.

고려를 쓰러뜨리고 조선을 건국한 이성계는 얼마 후 1394년 수도를 개경에서 한양으로 옮겼다. 이때 태조는 제일 먼저 궁궐과 종묘 등 새 왕조의 상징들을 건설하는 작업에 들어갔다. 논란 끝에 궁궐터가 지금의 경복궁 지역으로 정해지고 이에 종묘와 사직단의 위치도 결정되었다. 이것은 임의로 그 위치를 선정한 것이 아니고 『주례』「장인」조에 규정된 내용을 충실하게 따른 것이다. 『주례』에는 '임금이 궁궐을 중심으로 남쪽을 향했을 때, 왼쪽에 종묘, 오른쪽엔 사직을 둔다.'고 명시해 놓았다. 즉 동쪽에 종묘가, 서쪽에 사직단이 위치하는 것이다.

건물이 들어설 자리가 정해지자 드디어 그해 12월 4일 한양 동쪽 연화방에 종묘를 건설하기 시작하였다. 그리고 이듬해인 1395년 9월에 공사가 마무리되었다. 이렇게 완성된 종묘는 처음에는 그 크기가 매우 작았다. 태실이 7칸, 태실 좌우에 딸린 방이 2칸, 공신당 5칸, 동문 3칸, 서문 1칸 등이었다.

종묘가 완성되자 태조는 그때까지 개경에 남아 있던 4대조(목조·익조·도조·환조)의 신주를 이곳으로 옮겨왔다. 이때 모든 관리들이 공복을 갖추어 입고 축하의 인사를 드렸다.

하지만 세월이 흐르면서 모셔야 할 조상들이 늘어나자 잠복하고 있던 문제가 위로 불거졌다. 세종대에 정종이 승하하자 그의 신주를 종묘에 모셔야 했는데, 이미 태조를 비롯하여 5대가 들어찼으므로 누군가의 신주를 빼내야 했던 것이다. 결국 순서에 따라 맨 위 목조의 신주를 옮기고 그것을 모실 건물을 정전 서북쪽에 새로 짓기로 하였다. 이것이 바로 영녕전이다. 원칙대로라면 5묘제에서 정전에는 다섯 명의 신위만 모셔야 한다. 다만 태조나 태종, 세종처럼 공적이 뛰어나면 자리를 옮기지 않는 '불천위不遷位'가 되어 계속 정전에 남았다.

불천위가 하나둘 자꾸 늘어나 정전의 신주 모실 자리가 부족해지자 급기야 명종 때에 대대적인 증축에 들어갔다. 하지만 1592년 임진왜란이 일어나면서 종묘는 대수난을 당한다. 이곳에 주둔한 코니시의 군대가 해괴한 일들로 병사들이 잇따라 죽어 나가자 송두리째 불태워 버렸던 것이다. 전쟁이 끝난 후 서둘러 종묘를 재건했지만 병자호란으로 다시 한 번 큰 피해를 당했다. 삼전도의 굴욕 끝에 청이 물러가자 새로 종묘를 지었고, 이후 여러 번의 증축을 거쳤다

종묘의 건물들은 화려한 궁궐과는 달리 굉장히 절제된 가운데 단순하면서도 장엄하다. 현재 정전에는 태조를 필두로 19위의 왕과 30위의 왕비 등 49위가 모셔져 있고, 영녕전에는 정전에서 옮겨온 34위가 모셔져 있다. 폐위된 연산군과 광해군은 여기에 빠져 있다.

종묘는 이런 건축적, 문화적 가치를 크게 인정받아 1995년 불국사·석굴암 등과 함께 세계문화유산으로 지정되었다.

2012년 현재 종묘에서는 매년 5월에 한 차례씩 제례, 즉 '종묘대제'가 행해지고 있다. 여기에서 연주하는 음악과 노래, 춤을 '종묘제례악宗廟祭禮樂'이라고 부른다. 종묘제례악 또한 뛰어난 예술성과 문화적 상징성을 인정받아 2001년 5월에 세계무형유산으로 지정되었다.

* 2001년 5월 18일 '종묘제례악, 유네스코 선정 세계 무형 유산 지정' 참조

1899년 12월 4일

「독립신문」, 제4권 278호로 종간

대한제국 정부는 제국의 발전과 민중의 계몽을 위하여 지대한 역할을 했던 「독립신문」을 매수한 뒤 1899년 12월 4일자로 폐간하였다.

이에 앞서 「독립신문」은 전국 인민을 위하여 무슨 일이든지 대변자가 되고, 정부가 하는 일을 백성에게 전하고 백성의 정세를 정부에 알릴 것

이며, 부정부패 탐관오리 등을 고발할 것을 천명하고 1896년 4월 7일 창간하였다.

그러나 정부의 탄압을 받는 한편 수구파의 미움을 사게 되어 유지가 어렵게 되자 주필이었던 서재필이 미국으로 돌아가면서 고비를 맞았다.

그 후 윤치호가 주필 겸 실질적인 관리자로 운영을 맡아 격일간으로 주 3회 발행하던 것을 1898년 7월 1일부터 일간으로 발전시켰다. 하지만 윤치호는 1899년 1월에 덕원부사 겸 원산감리가 되어 신문 발행에서 손을 떼었다.

이후 아펜젤러가 한동안 주필이 되었다가 6월 1일부터는 영국인 엠벌리가 맡았으나, 정부가 이 신문을 매수하여 폐간하고 만 것이다.

「독립신문」은 당시 한글 전용으로 백성들이 이해하기 쉬운 신문을 만들었으며, 신문의 중요성을 일반에 널리 인식시켰다. 이로 인해 훗날 여러 민간 신문이 창간되는 계기를 만들었다는 점에서 높이 평가받고 있다.

* 1896년 4월 7일 '서재필이 「독립신문」을 창간하다' 참조

1970년 12월 4일

서울 남산 제2호 터널 개통

서울 강북의 중심지인 중구와 한강 바로 이북의 용산구를 연결하는 길이 1,620m, 너비 9.6m의 서울 남산 제2호 터널이 1970년 12월 4일 개통되었다.

　　18억 1,500만 원이 투입된 이 터널은 1969년 5월 14일에 착공하여 중구의 장충동 · 을지로6가 지역과 종로구 지역을 용산구의 용산동 · 이태원동 · 반포대교 등지로 연결하였다.

　　이에 앞서 중구 예장동에서 용산구 한남동을 잇는 제1호 터널이 1970년 8월에 준공되어 강북과 강남을 연결하는 역할을 하고 있었다. 제2호 터널의 개통으로 인해 강북과 강남 사이의 교통이 더욱 원활해졌을 뿐만 아니라 서초구 방면 남북축의 교통 동선 역할을 하게 되어 강남권 개발이 가속화되었다.

　　이후 용산구 용산동에서 중구 회현동을 잇는 길이 1,270m의 터널로 왕복 4차로의 쌍굴형 터널인 제3호 터널이 1977년 3월에 완공되어 제1한강교의 교통량을 분산시켰다. 이에 따라 도심에서 강남 지역까지의 소요 시간이 30분가량 단축되었다.

* 1976년 5월 14일 '남산 3호 터널 기공식 개최' 참조

12월의
모든 역사

12월 5일

■
·
■

1960년 12월 5일

우리나라 최초의 소극장 원각사가 화재로 소실되다

-우리나라 최초의 소극장 원각사

색동저고리를 입혀 놓은 듯 곱게 단장한 원각사라는 극장이 을지로 2가 4번지에 자리 잡고 지난 12월 22일부터 1월 10일까지 20일 동안 다채로운 개관 예술제를 베풀어 성황을 이루었는데 특히 외국 사람들의 관람이 많았다.

-1959년 1월 18일자 「경향신문」

아마 한국인치고 불국사, 현충사, 단성사의 성격을 구분하지 못하는 사람은 거의 없을 것이다. 하지만 사전 지식이 없는 상태라면 상황은 조금 달라질 수 있다. 맨 뒤의 '사'자로 인해 언뜻 착각을 일으킬 수 있기 때문이다.

한자가 이런 때는 꽤나 유용하다. 잘 알다시피 맨 앞의 불국사寺는 절이고, 현충사祠는 사당이며, 단성사社는 영화관이다. 이것이 작은 어지럼증을 제공한다면 완전히 혼돈 상태로 빠뜨리는 것이 있다. 바로 원각사와 또 다른 원각사이다. 하나는 탑골 공원에 있었던 원각사寺를 말하고 다른 하나는 소극장으로 유명한 원각사社를 가리킨다. 이 중 소극장 원각사는 1960년 12월 5일 불에 타 한 줌의 재가 되어 버렸다.

본래 극장은 무대와 관객석을 갖추고 연극을 공연하는 장소를 의미하였다. 극장theatre의 어원이 그리스어 관람석theatron인데, 이는 그만큼 연극에서 관객의 중요성을 강조한 것이다. 그런데 극장에서 연극뿐만 아니라 점점 오페라나 무용, 음악 등도 펼쳐지면서 극장은 모든 무대예술을 포괄하는 종합적인 개념으로 발전하였다.

20세기에 들어와서는 영화산업의 급속한 발전에 따라 극장은 영화 상영관으로 그 성격을 바꾸었다. 그러자 서양에서는 영화 상영만을 목적으로 하는 영화관을 따로 만들어 극장과 명확히 구별하였다.

이 땅에 근대적 의미의 극장이 처음 들어온 것은 개화기 무렵 '협률사'가 그 시초라고 할 수 있다. 우리에게도 이미 '산대'라는 가설무대가 있어 전통극을 연기하곤 했지만 그것이 야외적인 성격의 것이라 실내 극장은 발전하지 못하였다.

최초의 관립극장이었던 '협률사'는 3년여 만에 문을 닫았다. 이후 여러 사설 극장들이 세워졌는데, 우리나라에서는 처음부터 그곳을 연극

·무용·영화 등이 모두 펼쳐지는 장소로 인식하였다. 1970년대에 들어와서야 무대예술 전문의 극장과 영화 전문의 영화관이 본격적으로 구별되었다.

일제시대에는 일본인들이 대부분 극장을 경영하였는데, 영화가 큰 인기를 끌자 극장에서 연극인들이 연극을 공연하는 데 애로가 많았다. 이때 무용가 배구자와 그의 남편 홍순언이 1935년 충정로에 연극만 전문으로 하는 '동양 극장'을 설립하였다. 회전무대에 스팀까지 들어올 정도로 당시로서는 최신식의 시설을 갖추었다.

이후 동양 극장은 많은 연극인이 모여들어 광복 직후까지 대중연극의 메카가 되었다. 일제도 1935년 지금의 서울시의회 의사당 자리에 다목적용으로 대형극장 '부민관'을 세웠는데, 이는 식민 문화의 홍보 창구로 쓰기 위해서였다.

광복 이후에도 극장들이 주로 영화관으로 그 기능을 발휘하자 다시 연극 전용 극장의 필요성이 대두되어 '국립극장'이 설립되었다. 아울러 그 아래에 신극협의회와 극예술협의회의 두 전속극단을 두었다. 하지만 한국전쟁으로 일단 폐쇄되었다가 휴전 후 시공관을 무대로 공연활동을 이어갔다.

그러다가 1957년 이곳을 아예 국립극장으로 간판을 바꿔 달았다. 이렇게 연극의 불을 지펴보려고 노력하였지만 전쟁 직후인데다 영화 등에 관객을 빼앗겨 연극은 침체에 빠졌다. 이때 등장한 것이 소극장 원각사였다.

1958년 공보부의 공보실장이었던 오재경은 정부 수립 10주년을 맞이하여 국악의 진흥을 위해 원각사를 세웠다. 광복 직후 경춘선 철도 사무실로 쓰이다가 한국전쟁 후에는 헌병사령부가 들어섰던 건물이었다. 오재경의 고집으로 그곳 식당을 원각사로 개조한 것이다.

그는 연극에는 문외한이었지만 릿쿄 대학교 선배인 극작가 유치진에게 많은 도움을 받았다. 원각사라는 이름도 유치진이 붙였다. 대지 500여 평에 높이가 7m 정도였던 원각사는 아래층 217석과 위층 89석을 합해 총 306석의 아담한 소극장이었다.

원각사의 설립 취지가 고유의 민족예술을 진흥시키고 이를 외국인들에게 소개하는 데 있었기 때문에 처음엔 국악·고전무용·민요·창극 등이 주로 공연되었다.

무료로 건물을 빌려주는 원칙을 표방했던 원각사는 개관 1년이 지나자 소극장 운동 단체들의 새로운 실험장으로 널리 환영받았다. 극단 원방각의 「비오는 성좌」나 현대극회의 「칵테일파티」 등이 이곳에서 공연되어 큰 인기를 끌었다. 원각사의 등장으로 연극계는 모처럼 활력을 되찾는 듯 보였다.

하지만 1960년 12월 배전판의 누전으로 추정되는 화재가 일어나 원각사는 그 자취를 감추고 말았다. 이로 인해 소극장 운동 단체들은 치명적인 상처를 입었다.

* 1902년 12월 2일 '우리나라 최초의 극장 협률사, 「소춘대유희」 공연' 참조

—

1957년 12월 5일

국회, 동성동본 금혼 규정 채택

—

1957년 12월 5일, 국회는 민법 제809조 제1항에 '동성동본인 혈족

사이에서는 혼인하지 못한다'라는 규정을 채택하였다. 이로써 동성동본인 혈족 사이에는 혼인을 못하도록 금지되었다.

그러나 이 규정으로 인해 사실상 부부이면서 혼인신고를 하지 못해 야기되는 사회적 문제가 생겼다. 이를 구제하기 위해서 1년간의 한시법限時法으로 1977년 12월 「혼인에 관한 특례법」이 제정되었다. 이후 1988년과 1995년에도 한시적으로 특례법이 제정되었다.

또 1995년 9월 대법원에서 재외국민으로서 동성동본인 남녀가 외국에서 혼인하고 혼인증명서를 받아 국내에서 호적 정리를 신청할 경우 이를 인정해야 한다는 유권해석이 나오기도 했다.

옛날에는 인구가 적어서 한 마을에 사는 동성자同姓者가 거의 근친이었기 때문에 윤리적인 이유와 우생학적인 입장에서 동성동본 금혼 원칙이 생겨났다.

그러나 인구가 늘어나고 교통이 발달하여 사람의 이동이 국제적으로 이루어지는 현대사회에서는 위와 같은 이유에 합리적인 근거가 있다고 보기도 어렵게 되었다. 또한 지나치게 넓은 범위까지 금혼禁婚을 하여 인간의 기본적 자유인 혼인의 자유를 제한하여 부당하다는 비판을 받았다.

이와 같은 비판을 근거로 한 위헌제청심사에서 헌법재판소는 헌법불합치결정을 하였고, 이에 따라 1998년 12월 31일까지 개정하지 않으면 1999년 1월 1일부터 그 효력을 상실한다고 결정하였다. 따라서 근친혼과 8촌 이내의 결혼이 아니면 혼인신고가 가능해졌다.

이후 2005년에 민법이 개정되면서 동성동본 금혼 규정이 폐지되었다.

* 1308년 11월 16일 '고려의 충선왕, 동성금혼령을 내리다' 참조

1968년 12월 5일

박정희 대통령, 국민교육헌장 선포

우리는 민족중흥의 역사적 사명을 띠고 이 땅에 태어났다. 조상의 빛난 얼을 오늘에 되살려, 안으로 자주독립의 자세를 확립하고, 밖으로 인류 공영에 이바지할 때다. 이에 우리의 나아갈 바를 밝혀 교육의 지표로 삼는다. (……) 길이 후손에 물려줄 영광된 통일 조국의 앞날을 내다보며, 신념과 긍지를 지닌 근면한 국민으로서, 민족의 슬기를 모아 줄기찬 노력으로, 새 역사를 창조하자.

-국민교육헌장

1968년 12월 5일 박정희 대통령에 의해 국민교육헌장이 선포되어 '건전한 생활윤리와 가치관 확립'을 위해 전 국민에게 보급되었다.

이에 앞서 1월 18일 박정희 대통령은 국민교육헌장 제정 지시를 내린 바 있다. 이에 박종홍 서울대 철학과 교수가 초안을 잡고, 사회 각계 각층을 망라한 헌장 기초위원과 심의위원 44인이 수정 작업을 하여 완성되었다.

전문이 총 393자로 구성된 이 헌장은 11월 26일 국회에서 여야 만장일치로 통과됨으로써 이날 선포됐다.

그 뒤 각급 학교 학생과 공직자들은 헌장을 암기하도록 강요받았고, 각종 입시와 입사시험에 의무적으로 헌장에 대한 문제가 출제되는 등 전 국민의 의식에 강제로 주입하는 작업이 이루어졌다.

* 1976년 3월 17일 '철학자 박종홍 사망' 참조

12월의
모든 역사

12월 6일

■
·
■

—

1519년 12월 6일

기묘사화가 일어나다

—

임금 사랑하길 어버이 사랑하듯
나라 근심하길 집안 근심하듯
흰 해가 밝게 이 땅에 내리쬐어
붉은 충정을 뚜렷하게 비추리.

-조광조, 사약을 받고 죽기 전에 읊은 시

1506년 11월 6일, 진성대군이 근정전에서 새로 왕위에 올랐다. 이가 바로 조선 제11대 왕인 중종이다. 전 이조참판 성희안과 무관 박원종 등 신하들이 주동한 '중종반정'을 통해서였다.

중종은 조광조 등 명망 있는 신진 사림파를 등용하였다. 신진 사림파들은 파괴된 유교적 정치 질서의 회복과 교학, 즉 대의명분과 오륜을 존중하는 성리학을 장려하고, 고대 중국 3대(하 · 은 · 주 시대)의 왕도정치를 이상으로 삼았다. 이를 바탕으로 인간에 의해 다스려지는 이 세상이 바로 하늘의 뜻이 펼쳐진 이상 세계가 되도록 해야 한다는 지치주의至治主義 정치를 실현하고자 하였다.

이들은 일단 과거제 폐단의 혁신과 유능한 인재 등용이라는 명분 아래 현량과賢良科를 설치하였다. 현량과賢良科는 성품, 기국, 재능, 학식, 행실과 행적, 지조, 생활 태도와 현실 대응 의식 등 7가지 항목을 종합하여 인재를 천거하는 방식이었다. 이를 통해 28명의 신진 사림들이 등용되었다.

또한 미신을 타파하기 위해 도교의 제사를 맡아보는 소격서昭格署를 폐지하고, 지방의 상호부조와 미풍양속을 기르기 위하여 향약鄕約을 실시하였다. 또한 교화에 필요한 『이륜행실』 『언해여씨향약』 등을 국가에서 간행 · 반포하게 하였다.

신진 사림을 대표하는 조광조의 이런 업적은 다방면에 걸쳐 성과를 거두는 듯 싶었다. 하지만 성리학과 경학經學을 지나치게 숭상한 나머지 문인의 사장詞章을 무가치한 것으로 보았다. 또한 청렴결백과 원리 원칙에 따라 정책들을 급진적으로 시행하다 보니 보수적 기성세력인 훈구파를 소인으로 지목하여 배척하였다. 게다가 철인군주哲人君主의 이상과 이론을 중종에게 강요하여 왕마저도 점차 혐오감을 가지게 되었다.

결국 조광조 일파에 대해 반감을 느낀 훈구파는 1519년 반정공신 위훈삭제사건反正功臣僞勳削除事件을 계기로 폭발하였다. 즉 중종반정 공신 117명 가운데 76명은 뚜렷한 공로가 없으므로 이들을 공신에서 삭제하여 작위를 삭탈하고 그들의 전답과 노비 등도 모두 국가에 귀속해야 한다고 주장한 사건이었다.

이에 소인배로 지목된 남곤과 훈적勳籍에서 삭제당한 심정, 조광조의 탄핵을 받은 바 있는 희빈 홍씨의 아버지 홍경주가 함께 모여 조광조 일파를 몰아낼 계략을 꾸몄다. 이들은 이 일에 희빈 홍씨를 끌어들였다. 일단 희빈 홍씨는 기회가 있을 때마다 중종에게 사림파를 헐뜯는 말을 내뱉었다. 그리고 궁녀들을 시켜 궁중 동산의 나뭇잎에 꿀로 '주초위왕走肖爲王'이라고 써서 벌레가 갉아먹도록 하였다. '走·肖' 2자를 합치면 趙자가 되기 때문에, 주초위왕은 곧 '趙씨가 왕이 된다.'는 뜻이었다. 그 뒤 그 문자의 흔적을 중종에게 보여 주었다.

왕은 대노하였다. 이때를 놓치지 않고 남곤·심정·홍경주 등은 그해 12월 6일 조광조 등 일파가 붕당朋黨을 만들어 중요한 자리를 독차지하고 임금을 속이며 국정을 어지럽혔으니 그 죄를 밝혀 바로잡아 주도록 하는 계를 올렸다. 기묘사화의 시작이었다.

이에 중종도 그 상계를 받아들여 조광조 일파를 치죄하였다. 남곤·심정·홍경주는 이들을 당장에 처벌하고자 하였다. 하지만 이장곤·정광필 등이 반대하였다. 성균관 유생 1,000여 명도 조광조 등의 무죄를 호소하였다.

결국 조광조는 능주로 귀양 갔다가 한 달 만에 사약을 받고 사망하였다. 김정·기준·한충 등은 귀양 갔다가 사형 또는 자결하였다. 이밖에도 김구·유인숙 등 수십 명이 귀양 가고, 이들을 두둔한 안당과 김안

국 · 김정국 형제 등도 파직되었다. 이 사화에 희생된 조신들을 일명 기묘명현己卯名賢이라고 불렀다. 율곡 이이는 자신의 저서 『석담일기』에서 조광조가 성급했다고 비판하기도 하였다.

기묘사화 이후 김전은 영의정, 남곤은 좌의정, 박유청은 우의정이 되었다.

한편 기묘사화는 1498년에 일어난 무오사화와 같이 훈구파와 신진 사류 간의 반목 · 배격에서 일어난 것이었다. 하지만 갑자사화와 같이 정치적 투쟁 목적과 이념이 없었다는 평가를 받고 있다.

* 1498년 7월 12일 '무오사화가 일어나다' 참조
* 1504년 9월 29일 '갑자사화가 일어나다' 참조
* 1506년 11월 6일 '중종반정으로 연산군이 폐위되다' 참조
* 1519년 12월 20일 '조광조가 사약을 받고 사망하다' 참조

1907년 12월 6일

의병장 이은찬 · 이구재, 13도 창의군 결성

1907년 12월 6일, 강원도 원주에서 활동하던 의병장 이은찬, 이구재 등이 한성 진공을 목적으로 한 연합의병부대 13도 창의군을 결성하였다. 이들은 경북 문경을 중심으로 활동하던 의병장 이인영을 총대장으로 추대하였다.

이인영은 전국 의병진의 연합을 호소하는 격문을 각지의 의병장들에게 보냈다. 이에 호응한 각 도의 의병들이 양주의 대진소로 모여들면서

총 48진, 1만여 명에 달하게 되었다. 이 병력에는 해산된 군인 3,000여 명이 포함되어 있었다. 그러나 양반 유생 출신의 의병대장 부대만 결합하였기에 천민 출신의 신돌석, 평민 출신의 홍범도·김수민 등은 여기에 참여하지 못하였다.

이듬해 1월 이인영은 먼저 각국 공사관에 의병부대를 국제공법상의 전쟁단체로 인정해 줄 것을 요구하는 격문을 보내는 한편, 13도 창의군의 한성 진공 작전을 단행하였다. 도중에 38회의 전투를 치르고, 드디어 1908년 1월 군사장이었던 허위가 선발대 300여 명을 거느리고 동대문 밖 30리 지점까지 이르렀지만, 일본군의 선제 공각을 받고 일단 후퇴하지 않을 수 없었다. 이때 부친의 부음을 받은 이인영은 지휘권을 허위에게 맡기고 귀향해 버렸다.

총대장이 없는 연합군은 결국 한성 진공에 실패하고 의병장 허위는 체포되었다. 그들은 다시 전국으로 흩어져 독자적인 항일전을 수행해 갔다.

그 후 이인영은 충북 황간에 숨어 지내다가 1909년 6월에 일본 헌병에게 체포되어 경성감옥에서 사형을 당하였다.

* 1907년 8월 1일 '대한제국 군대가 강제 해산되다' 참조
* 1908년 6월 11일 '의병장 허위가 체포되다' 참조
* 1909년 6월 7일 '13도 창의군 대장 이인영이 체포되다' 참조

1995년 12월 6일

유네스코, 종묘 · 불국사 · 석굴암 · 팔만대장경을 세계 문화유산으로 정식 등록

1995년 12월 6일, 독일 베를린에서 열린 세계유산위원회 제19차 총회에서 종묘, 불국사와 석굴암, 해인사 팔만대장경 및 판전이 세계문화유산으로 정식 등록되었다. 이어 1997년 제21차 총회에서도 수원 화성과 창덕궁이 선정됨으로써 우리나라는 모두 5점의 세계문화유산을 보유하게 되었다.

세계문화유산이란 국제연합 교육과학문화기구(유네스코)가 1972년 11월 제17차 정기총회에서 채택한 '세계 문화 및 자연유산 보호 협약'에 따라 지정한 유산을 말한다. 이는 전 인류가 공동으로 보존하고 후손에게 전수해야 할 매우 중요한 가치가 있다는 것을 의미한다.

한편 우리나라는 1988년에 '세계 문화 및 자연유산 보호협약'에 가입하여 활동하고 있다.

12월의
모든 역사

12월 7일

—

1964년 12월 7일

무즙 파동이 일어나다

—

다음은 엿을 만드는 순서를 차례대로 적어 놓은 것이다.

1. 찹쌀 1kg가량을 물에 담갔다가

2. 이것을 쪄서 밥을 만든다.

3. 이 밥에 물 3L와 엿기름 160g을 넣고 잘 섞은 다음에 60도의 온도
로 5~6시간 둔다.

4. 이것을 엉성한 삼베 주머니로 짠다.

5. 짜 낸 국물을 조린다.

위 3.에서 엿기름 대신 넣어도 좋은 것은 무엇인가?

① 디아스타제 ② 무즙 ③ 아밀라아제 ④ 식혜

1964년 12월 7일에 서울특별시 전기前期 중학교 입시가 치러졌다. 그런데 자연과 18번이 문제가 되었다. 초등학교 교과서에 '침과 무즙에도 디아스타제가 들어 있다'는 내용이 있으므로 ② '무즙'도 정답으로 처리해야 한다며 일부 학부모들이 강력하게 반발한 것이다.

이에 대해 12월 8일 서울시 공동출제위원회는 논란의 여지가 없다며 ① '디아스타제'만이 정답이라고 발표했다. 그럼에도 학부모들의 반발이 수그러들지 않자 12월 9일에는 해당 문제를 아예 무효화한다고 발표했다.

그러자 이번에는 ①번을 정답으로 선택한 학생들의 학부모들이 반발하였다. 이에 다시 원래대로 디아스타제만 정답으로 인정한다고 발표하였다. 우왕좌왕하며 갈피를 못 잡는 모습에 화가 난 학부모들의 시위가 다시 이어졌다.

12월 21일 김원규 서울시 교육감은 "무즙으로도 엿을 만들 수 있다면 자연 18번의 복수정답을 인정하겠으며, 탈락자들을 구제하겠다."고 공언하였다. 그러자 일부 학부모들이 무즙으로 엿을 고을 수 있음을 증명하게 위해 실제로 무즙으로 엿을 만들어 왔다.

결국 이 사건은 법적 공방으로 이어졌다. 경기중학교에 응시했다가 1점 차이로 불합격한 학생 42명이 "시교육위원회에서 잘못 채점해 떨어졌다."며 교장을 상대로 행정소송을 제기한 것이었다.

이듬해 1965년 3월 30일, 서울고법 특별부 이명섭 부장판사는 중학교 입시 합격자 확인 소송 사건에 대해 다음과 같이 판결했다.

"문제가 된 자연 과목 18번은 객관적으로 해석할 때, 엿을 만드는 과정에서 당화작용에 대한 물음으로 해석된다. 따라서 교사용 교과 내용에 제시

된 엿을 만드는 방법 중의 하나인 디아스타제 사용법을 참작, 이 디아스타
제가 포함된 무즙이라고 답을 썼다 해도, 이를 정답으로 봐야 한다. 그러
므로 중학교 입시에서 불합격한 38명을 합격자로 처리해야 한다."

이에 경기중학교·서울중학교·경복중학교·경기여자중학교 등에 시
험을 쳤다가 떨어진 학생 38명이 구제받을 수 있었다. 하지만 교육위원
회는 추가 입학을 반대하였다. 이에 다시 학부모들이 시위를 벌여 결국 5
월 12일부터 전입학 형식을 거쳐 정식으로 학교에 다닐 수 있게 되었다.

하지만 이 무즙 파동은 과열된 대한민국의 교육열을 적나라하게 드
러낸 사건이었다. 결국 이 사건으로 인해 중학교 무시험 전형의 필요성
이 대두되었고, 3년 뒤인 1967년에도 창칼 파동이 일어나는 등 중학교
입시에 대한 문제가 계속 드러나자 1969년부터 중학교 입시를 철폐했
다.

* 1967년 12월 1일 '창칼 파동이 일어나다' 참조
* 1968년 7월 15일 '중학교 입시가 철폐되다' 참조
* 1969년 2월 5일 '중학교 무시험 입학 추첨 실시' 참조

1964년 12월 7일

박정희 대통령, 서독 방문

박정희 대통령이 제1차 경제개발 5개년 계획 실행을 위한 차관 도입
과 실업 인구의 해외 진출 모색을 위해 1964년 12월 7일부터 13일까지

서독을 공식 방문했다. 당시 우리나라의 국영 항공사인 대한민국항공사KNA가 보유하고 있던 프로펠러 비행기로는 서독까지 갈 수가 없어 뤼브케 서독 대통령이 보내준 루프트한자 항공 여객기를 이용하였다.

박정희는 5·16 군사정변으로 정권을 잡은 뒤에 빈곤 타파를 최우선 정책으로 내세웠다. 이에 원조에서 벗어나 스스로의 힘으로 국민의 굶주림을 해소하기 위한 제1차 경제개발 5개년 계획 실행에 필요한 재원이 요구되었다.

그때 서독이 재정차관 1억 5,000만 마르크를 제공하였다. 이에 따라 우리나라 정부는 '인력 담보'의 성격으로 서독에 광부와 간호사를 파견하였다. 박정희는 방문 기간 중에 두이스부르크 광산에 들러 파독 광부 300여 명, 또 간호사들과 만남을 갖기도 하였다.

박정희는 이 서독 방문으로 1천 350만 달러의 재정차관과 2,625만 달러의 상업차관을 얻어올 수 있었다. 또한 이때 독일의 고속도로인 아우토반을 보고 깊은 감명을 받아 경부고속도로 착공 계획을 세우게 되었다.

* 1970년 7월 7일 '경부고속도로가 개통되다' 참조

1984년 12월 7일

여성 산악인 김영자, 세계 최초로 겨울에 히말라야 안나푸르나 등정 성공

1984년 12월 7일 히밀라야 안나푸르나 원정대의 김영자가 파쌍 노

르부 등 세르파 4명과 함께 정상에 올랐다. 이는 여성으로서는 세계 최초로 겨울 등정에 성공한 기록이었다. 8,091m의 안나푸르나봉은 세계에서 9번째로 높은 봉우리다.

하지만 하산하던 중에 두 명의 세르파가 돌풍에 휘말려 추락하여 사망하는 바람에 이들의 배낭에 있던 카메라를 잃어버렸다. 이에 정상 사진을 제시하지 못한 김영자는 세계 산악계로부터 안나푸르나봉 등정 성공에 대한 공인을 받지 못하였다.

결국 세계 최초의 여성 산악인 동계 등정 성공 공인은 1987년 2월에 등정을 한 폴란드의 예지 쿠쿠츠카가 차지하였다.

1994년 12월 7일

서울 아현동 도시가스 지하저장소 폭발 사고 발생

1994년 12월 7일 오후 2시 50분쯤, 서울 마포구 아현동 도시가스 지하저장소가 폭발하여 200여 평 되는 시민공원의 각종 시설물들이 형체도 찾아볼 수 없을 만큼 파괴되었다.

이날의 사고는 지하철 공사장에서 하수관 파쇄 작업을 하던 포클레인 기사가 하수관 바로 밑에 있던 가스관을 포클레인으로 잘못 건드려서 일어났다.

사고 현장 주변에 가스 차단 밸브 장치가 없었기 때문에 화재가 크게 번졌다. 이에 시민 12명이 죽고 1명이 실종되었으며, 65명이 부상당하고 이재민 600여 명이 발생하였다.

12월의
모든 역사

12월 8일

■
∴
■

—

1880년 12월 8일

사학자 단재 신채호가 태어나다

—

我誤聞時君誤言 내가 잘못 들었을 때는, 그대가 잘못 말했으니
欲將正誤誰誰眞 잘못을 바로잡으려는데, 그 잘못을 누가 참되다 하나!
人生落地元來誤 사람 세상에 태어난 것이, 원래 잘못인데
善誤終當作聖人 잘못된 것 잘 고치면, 끝내는 성인이 되는 것을.

-신채호

가운데 별 모양이 부착된 검은 베레모, 담쟁이덩굴처럼 얼굴을 뒤덮은 수염, 시가를 멋지게 입에 물고 있는 모습. 바로 그 유명한 '체 게바라'이다. '영원한 혁명가' 등등의 온갖 찬사를 받으며 그는 한때 우리 사회 젊은이들의 우상이었다. 여기에는 체의 모습을 앨범 표지나 콘서트장의 홍보물로 사용하던 미국의 밴드 'RATM'의 영향이 컸다.

그런데 이것이 젊은이들의 진보성을 반영하는 하나의 증표라 해도 왠지 씁쓸한 것은 왜일까? 그것은 신채호 같은 일제시대 우리 혁명가들에게는 이런 열광적인 관심을 보인 기억이 없기 때문이다.

민족사학의 기수 단재 신채호는 1880년 12월 8일 충남 대덕군 산내면에서 신광식의 차남으로 태어났다. 할아버지에게 한학을 배우기 시작한 단재는 아홉 살에 이미 '사서삼경'과 '통감'을 읽어 인근에 신동으로 소문이 자자했다.

19세 때에는 목천에 사는 전 학부대신 신기선에게 학문을 익히다 그의 추천으로 성균관에 들어갔다. 그리고 그해 만민공동회를 개최하던 독립협회에 가입하여 적극적으로 활동하였다. 1905년 성균관 시험에 합격하여 박사가 되었지만 벼슬길에 나갈 뜻을 버리고 구국운동을 위해 장지연의 권유로 「황성신문」사에 들어갔다.

이곳에서 신채호는 날카로운 논설을 선보여 독자들의 많은 인기를 끌었으나 장지연이 '시일야방성대곡'이라는 글로 을사늑약을 거세게 비판하여 「황성신문」은 문을 닫아야 했다. 이에 양기탁의 천거로 영국인 베델이 운영하던 「대한매일신보」에 들어갔다. 이곳에서 발표한 「이순신전」과 「을지문덕전」 등은 풍전등화와 같은 나라의 운명을 구하자는 메시지를 담고 있다. 역사학적으로 유명한 「독사신론」이라는 글에서는 고대사의 정통이 단군에서 부여와 고구려로 계승된다고 주장하였다. 이

때문에 신라 중심의 『삼국사기』는 신채호로부터 크게 배척받았다.

1907년에는 안창호와 박은식 등이 비밀 단체인 신민회를 조직하자 그곳에 가입해 주요 인물로 활동했다. 하지만 점점 강도를 더해 가는 일제의 탄압으로 신민회는 이를 피해 1910년 국외에 독립운동 기지를 건설하였다. 이에 신채호도 블라디보스토크로 망명하여 「권업신문」 등의 주필로 활동하면서 항일운동을 벌였다.

그 후 신규식 등의 부름으로 상하이로 건너갔다가 다시 1914년 윤세용의 초청으로 만주 회인현의 동창학교로 옮겨갔다. 이때 백두산과 광개토왕릉 등 고구려 유적을 현지답사하며 고대사에 대한 안목을 크게 넓혔다.

1919년에는 3·1 운동이 일어나자 이동녕 등과 함께 상하이에서 임시정부 수립에 앞장섰다. 하지만 미국 대통령 윌슨에게 조선의 위임통치를 청원한 이승만이 대통령에 추대되자 분개하여 임시정부와 결별했다.

1922년에는 김원봉이 이끌던 의열단에 가입하여 이듬해 일제에 대해 폭력적인 투쟁을 강조하는 '조선혁명선언'을 발표하였다. 또 창조파의 맹장으로 나서 국민대표회의에서 상하이 임시정부를 해체하고 새로운 임시정부 수립을 주장했다. 하지만 개조파와의 대립으로 이것이 실패로 돌아가자 베이징으로 피신해 고대사 연구에 몰두하였다.

그리하여 1924년 무렵 『조선상고사』를 집필하였다. 여기에서 그는 역사를 그 유명한 '아我와 비아非我의 투쟁'으로 규정했다. 이는 소박하지만 역사에 대한 변증법적인 인식이었다. 1925년에는 「동아일보」에 '조선 역사상 일천년래 제일 대사건'이라는 대단히 거창한 글을 실었는데, 이것은 '묘청의 난'을 서술한 것이었다. 신채호는 이 글에서 자주적인 낭가사상의 서경파가 사대적인 유교사상에 물든 개경파에게 패배했다

고 보았다. 하지만 묘청이 칭제북벌稱帝北伐을 주장해 삼국통일 이후 최
초로 중국에 반기를 들었다는 점에서 높이 평가했다.

신채호는 1925년경부터 흔히 '무정부주의'로 번역되는 아나키즘을
신봉하기 시작하였다. 그런데 무정부주의란 말은 불법과 혼란을 상징
하는 부정적인 의미를 강하게 풍겨 아나키즘이란 원어를 그대로 쓰기
도 한다. 이는 영국의 사회학자 앤서니 기든스가 설파한 일종의 '제3의
길'로 평가받지만 좌우 어느 쪽에서도 환영받지 못했다.

하지만 신채호는 임시정부에서도 여러 인물들이 권력 투쟁에 급급하
고 있는 것을 보고 무정부주의가 독립운동에 더욱 요구된다고 보았다.
그리하여 1928년 조선인 무정부주의자들과 함께 일본인 건축물을 파
괴하기 위해 폭탄 제조소를 만들기로 하였다.

이를 위해서 많은 자금이 필요하자 단재는 타이완인 임병문과 협의
해 유가증권을 위조하였다. 이를 유병택이란 가명을 쓰며 교환하려다
꼬리가 밟혀 타이완의 기륭항에서 체포되고 말았다.

2년의 재판 끝에 단재에게 10년의 징역이 선고되고 그는 곧 여순감
옥에 수감되었다. 그 와중에서도 「조선상고문화사」 등의 글을 신문에
연재하였다. 하지만 신채호는 1936년 2월 갑자기 뇌일혈로 쓰러져 끝
내 다시 일어나지 못하였다.

이미 죽기 전에 건강이 악화되어 풀려날 수도 있었지만 신채호는 이
를 단호히 거부했다. 보증인이 친일파로 알려져 있었기 때문이다. 참으
로 삶의 마지막 순간까지 그 지조와 신념을 잃지 않았던 것이다.

* 1908년 8월 27일 '신채호, 「대한매일신보」에 『독사신론』 연재 시작'

　참조

* 1936년 2월 21일 '독립운동가 단재 신채호 사망' 참조

—

1570년 12월 8일

조선 유학자 퇴계 이황 사망

—

조선 중기 문신이자 유학자인 퇴계 이황이 70세 되던 해인 1570년 12월 8일 세상을 떠났다. 이황은 대학자답게 죽음의 과정도 남달랐다.

그는 앞서 그해 11월 초에 병이 나자 강의를 그만두고 제자들을 돌려보냈으며, 12월 3일에는 자제들에게 다른 사람들로부터 빌려온 서적들을 돌려보내게 하였다. 그리고 이튿날인 12월 4일에는 조카에게 명하여 유서를 쓰게 하였는데, 유서의 내용도 독특했다.

즉 조정에서 내려 주는 예장을 사양하고, 비석을 세우지 말며, 조그마한 돌의 앞면에다 '퇴도만은진성이공지묘退陶晩隱眞城李公之墓'라고만 새기고, 그 뒷면에는 간단하게 고향과 조상의 내력과 행적을 쓰도록 당부하였다. 이어 12월 5일에는 시신 염습할 준비를 하라고 한 뒤 12월 7일 제자 이덕홍에게 서적을 맡게 하고 이튿날 세상을 떠난 것이다.

이황은 1510년 11월 25일 경북 안동에서 태어나 1534년(중종 29) 문과에 급제하였으며, 부정자, 박사, 전적, 지평 등을 거쳐 세자시강원문학, 충청도 암행어사 등을 지냈다. 1543년에는 성균관사성을 지냈고, 이어 단양군수와 풍기군수를 지낸 뒤 낙향하였다.

1552년 홍문관 교리에 임명되었으나 신병을 이유로 사퇴하고는 30여 차례나 벼슬을 제수받고도 대부분 사퇴하고 향리로 돌아가 본격적인 학문 연구에 힘썼다. 이후 평생 활발한 저술활동과 강학講學에 노력

하였는데, 1560년 강학 장소를 도산서당으로 옮긴 뒤 죽을 때까지 후진 교육에 힘썼다.

한편 그의 철학과 이론을 따르는 문인들 중 정구, 유성룡, 황준량, 이덕홍, 박순 등이 영남학파를 형성하였다.

* 1501년 11월 25일 '조선의 대학자 퇴계 이황이 태어나다' 참조

1944년 12월 8일

일제, 종교보국회 강제 결성

1944년 12월 8일 불교·천주교·개신교 등 조선의 종교계와 일본 전통 종교인 신토 등 각 교파의 지도자들이 일제의 강요에 의해 부민관에서 조선전시종교보국회(종교보국회)를 결성하였다.

이때는 태평양 전쟁이 막바지에 이른 때였다. 그래서 종교를 이용해 강력한 교화 활동을 펼쳐서 전쟁을 승리로 이끌고자 하는 꼼수를 부린 것이었다.

종교보국회는 이듬해인 1945년 3월 이사회를 통해 전의앙양, 전력증강, 동조동근 이념의 철저, 군사사상의 보급, 근로동원의 취지 철저, 교직자의 연성, 일어 보급과 상용 등의 교화실천운동을 전개키로 결정했다.

그리고 그해 4월부터 본격적인 활동에 들어갔다. 하지만 그해 8월에 일본이 패망하면서 종교보국회 또한 자연스레 해체되었다.

12월의
모든 역사

12월 9일

1957년 12월 9일

서울대학교 문리대 학보 논문 필화 사건이 발생하다

－서울대학교 문리대 학보. 1952년에 창간되어 당시 문리과 대학 교수와 학생들의 논문이 많이 발표되었다. 류근일의 논문 '모색-무산대중을 위한 체제로의 지향'도 그중의 하나였다.

1956년 말 서울대학교 문리대 정치학과에 재학 중인 류근일, 김지주, 하대돈 등은 '신진회'라는 독서회를 조직하였다. 이 독서회는 민족주의, 독일 사회민주당, 영국의 페이비언협회 등 서구의 사회민주주의에 관심을 보이며 독서와 토론 위주로 활동하였다.

그러던 중 류근일은 1957년 12월 9일자 문리대 학보「우리의 구상」에 논문 '모색-무산대중을 위한 체제로의 지향'을 실었다. 이 논문은 '우리는 부르주아 민주주의도 체험하고 공산주의도 체험했으나 모두가 틀려먹었다. 우리는 신형 조국을 갈망한다'는 등의 내용을 담고 있었다. 결론은 '이념적으로 민주사회주의가 바람직하지 않느냐'는 제언적인 내용이었다. 하지만 '신형 조국'이라는 구절이 문제가 되었다. 이 용어가 국체를 건드렸다는 것이었다.

이에 문리대 학장 이희승은 사태가 심각하다고 판단하고 관계 교수회의를 소집하였다. 이들은 학보 발행기관인 '신문연구회'를 즉각 해산시키고 편집 책임을 맡은 학생 2명에 대해 무기정학 처분을 내렸다. 필자인 류근일에 대한 처리는 일단 보류했다. 그리고 학보 회수 조치를 내렸다. 하지만 이미 1,000부 중 300부는 학생들의 손에 들어간 상태였다.

이 사건이 외부로 알려지면서 사태가 확대되었다. 12월 14일 문교부 차관은 "서울대학교 문리대에 좌익교수가 있을지도 모른다."고 말하였다. 이것은 서울대학교 내에 조직되었던 학생 서클 내부에 대해 불온·좌익·용공 등의 혐의를 씌우는 결과를 낳았다.

결국 그날 류근일은 서울대학교로부터 퇴학 처분을 받고, 국가보안법 위반 혐의로 구속되었다. 이에 대해 학계와 언론계 등에서는 학문의 자유를 짓밟는 처사라며 항의하였다.

이듬해인 1958년 2월에 열린 첫 공판에서 류근일은 "자본주의와 공

산주의를 아울러 배격하고 민주사회주의에 공명하게 되었다."는 점과
배후에 아무도 없다는 것을 밝혔다.

결국 1심 판결에서 재판부는 다음과 같은 이유로 무죄를 선고하였다.

"다소 생경스런 표현이 있으나 논문의 내용은 민주사회주의에 기조를 둔 학
문 연구에 불과하다. 따라서 민주사회주의는 합헌적인 것이다."

2심 재판부 역시 같은 이유로 검찰의 항소를 기각하였다. 이로써 류
근일은 다시 복교할 수 있었다. 하지만 5·16 군사정변이 일어나자 류
근일은 동일 죄목으로 대법원에서 2년형을 선고받고 옥고를 치렀다.
이 사건은 학문의 자유, 대학의 자유 문제가 공론에 붙여지는 계기가
되었다.

한편 이후 류근일은 민통학련 사건과 민청학련 사건에 연루되어 투
옥되기도 하였다. 1968년에 중앙일보 기자로 입사해 언론인으로 변신
하였다. 1981년에는 조선일보로 옮겨 논설위원이 되어 「류근일 칼럼」
를 연재하고 2003년에 정년퇴임하였다.

1991년 12월 9일

국제노동기구에 정식 가입

1991년 12월 9일 우리나라는 이상옥 외무장관 명의로 국제노동기구
ILO 헌장을 수락하는 서한을 주駐제네바 대표부를 통해 미셸 안센 ILO
사무국장에게 전달하였다. 이로써 우리나라는 ILO에 정식 가입한 151

번째 정회원국이 되었으며, 유엔 산하 15개 전문기구에 모두 가입하게 되었다.

ILO는 노동자의 노동조건 개선 및 지위를 향상시키기 위하여 설치한 국제연합의 전문기구로서 1919년에 설립되었다. 주요 활동은 각국의 노동입법 수준을 발전시켜 노동조건을 개선하고 사회정책과 행정·인력 자원을 훈련시키며 기술을 지원하는 것이다. ILO의 본부는 스위스 제네바에 있으며, 2012년 현재 183개국이 회원국으로 가입되어 있다.

ILO 가입 이후 정부는 172개 협약 중 입법이나 국내법 개정 없이도 시행이 가능한 협약부터 우선적으로 국내 비준 절차를 밟아 나갔다. 그러나 노동계의 쟁점이 되었던 복수노조제, 3자 개입 및 공무원·교원노조 결성 허용 등에 관련된 협약은 국내법에 저촉이 됨에 따라 유보하였다. 하지만 1996년 12월 정부는 노사관계개혁위원회를 통해 노동법 관련 개정안을 의결하였다. 이에 따라 교원노조는 1999년부터, 복수노조제는 2002년부터 허용되었다. 공무원노조 또한 2006년부터 설립과 활동이 허용되었다.

2012년 현재 우리나라는 비준한 협약의 시행 결과와 미비준 협약에 관련된 국내법의 내용 및 시행에 대해 ILO 사무국에 정기적으로 보고서를 제출하고 있다.

1863년 12월 9일

흥선군 이하응, 대원군에 진봉

철종이 죽고, 신정왕후 조씨에 의해 고종이 즉위하자 고종의 아버지였던 홍선군 이하응이 대원군에 진봉進封되었다. 1863년 12월 9일의 일이었다.

이어 대왕대비의 수렴청정이 선포되자 홍선 대원군 이하응은 정책결정권을 받아 이듬해인 1864년 1월부터 섭정을 시작하였다. 그는 안동 김씨의 주류를 숙청하는 한편 당색과 신분·계급을 초월해서 인재를 등용하였으며, 부패관리를 적발·파직하고 중앙집권적인 정치 기강을 수립하였다.

하지만 경복궁을 중건하기 위해 원납전을 강제로 징수하여 백성의 생활고를 가중시키는가 하면 천주교를 무자비하게 탄압하고, 쇄국정치를 단행하였다.

이후 고종의 비였던 명성황후와 치열하게 정권 다툼을 벌이다가 1895년 을미사변 이후 완전히 실각하였다.

* 1864년 1월 17일 '홍선 대원군 이하응 섭정 시작' 참조
* 1865년 4월 13일 '경복궁이 중건되다' 참조
* 1871년 3월 20일 '홍선 대원군, 전국의 서원을 철폐하다' 참조
* 1871년 6월 12일 '홍선 대원군, 각지에 척화비를 세우다' 참조
* 1882년 7월 13일 '홍선 대원군, 청나라에 납치당하다' 참조
* 1898년 2월 22일 '홍선 대원군이 사망하다' 참조

1884년 12월 9일

우정국 폐쇄

1884년 11월 17일 홍영식 등 개화파의 주도로 고종의 칙령에 따라 연해 각 항구의 왕래 서신과 국내의 우편사무를 취급할 우정국이 설치되었다. 그리고 청사 개관 기념으로 '문위우표'라는 우리나라 최초의 우표가 발행되었다. 액면 금액이 당시의 통용 화폐단위인 '문文'으로 표시되어 있어 문위우표라고 불렸다.

원래 이 우표는 5문·10문·25문·50문·100문의 5종이 발해될 예정이었으나, 25문·50문·100문의 3종은 미발행에 그쳤다. 결국 인쇄된 5문·10문 우표 2종만이 한성과 제물포 사이에 오간 우편물에 사용됐다.

하지만 우정국 개국 첫날인 12월 4일 낙성식을 계기로 개화당의 김옥균 등이 주도한 갑신정변이 일어나 12월 9일 우정국은 폐쇄되고 말았다.

이후 1895년에 우체사郵遞司가 설치되면서 우편 사업이 재개되었고, 여기에서 55종의 우표가 발행되었다.

12월의
모든 역사

12월 10일

■
·
■

1948년 12월 10일

우리나라 최초의 여류화가 나혜석이 사망하다

평생을 두고 자신을 사랑할 것, 그림 그리는 일을 절대로 방해하지 말 것, 시어머니와 전처의 딸과는 별거하고 둘만이 살 것, 신혼여행으로 죽은 약혼자의 무덤을 찾아 비석을 세워 줄 것.

어떤 여성이 한 이혼남과 결혼을 허락하면서 내세운 조건이다. 마지막 조건은 조금 그렇긴 하지만 전체적으로는 특별할 게 없는 내용이다. 하지만 이것이 1920년대의 상황이라면 문제는 완전히 달라진다. 그야말로 파격을 넘어 충격 그 자체라고 할 수 있다. 당시 조선사회에 일대 회오리를 몰고 왔던 이 주인공은 바로 나혜석이었다.

신여성의 대명사로 평가받는 나혜석은 1896년 수원에서 나기정의 5남매 중 넷째로 태어났다. 어릴 때부터 그림에 특별한 자질을 보였던 그녀는 1913년 도쿄의 여자미술학교에 입학해 본격적으로 서양의 유화를 배우기 시작했다.

게이오 대학교에 재학 중이던 오빠의 친구 최승구와 열애에 빠진 것도 이때였다. 둘은 약혼까지 하였지만 결핵을 앓던 최승구의 사망으로 그녀 가슴에는 큰 멍울이 남았다. 문학에도 뛰어났던 나혜석은 1914년 최승구가 편집과 발행을 맡았던『학지광』에「이상적 부인」을 발표하기도 했다. 남존여비의 철폐 등을 주장한 이 글에는 이미 근대적 여권 사상이 잘 드러나 그녀의 차후 행보를 예고해 주고 있다.

1917년 나혜석은 도쿄의 여자 유학생들을 대상으로 친목회를 조직하는 데 앞장서고『여자계』라는 동인지를 만들었다. 그리고 여기에「경희」등을 발표해 여성의 권리에 대해 계속 부르짖었다.

이듬해 졸업과 함께 귀국한 그녀는 정신여학교 등에서 미술교사로 근무하였다. 1919년 '3·1 운동'이 일어나자 김마리아, 박인덕 등과 자금을 조달하고 학생들을 동원하다 일본 경찰에 붙들려 5개월간 감옥살이를 하였다. 이때 변호사 김우영이 그녀의 변론을 맡아 자연스럽게 가까워졌고 결국 둘은 1920년 결혼하였다.

그런데 두 사람은「동아일보」에 공개적으로 청첩장을 올려 장안에

화제를 불러일으켰다. 거기에다 나혜석이 위에서 언급한 결혼 조건은 더욱 사람들을 충격 속으로 몰아넣었다. '죽일 놈'이나 '미친년' 같은 과격한 반응들이 주를 이루었다. 이런 주위의 고깝지 않은 시선들이 있었지만 이들의 결혼 생활은 처음에는 행복하기만 하였다.

1921년 3월, 나혜석은 본업인 그림에 몰두하여 경성일보사에서 여자 화가로는 최초로 서양화 개인전을 열었다. 이틀간 진행된 이 개인전에는 구름 같은 인파가 몰려들어 큰 성공을 거두었다. 출품된 70여 점의 유화들 중 「신춘」이라는 작품은 당시 집 한 채 값이 넘는 350원에 팔렸다.

1922년 이후에는 조선미술전람회에 꼬박꼬박 작품을 출품, 입선과 특선을 거듭하여 화가로서의 명성을 드높였다. 한편으론 단편소설도 발표해 여전히 문학의 끈을 놓지 않았다. 자식도 셋을 낳아 나혜석의 삶은 마냥 행복으로 넘쳐나는 듯 보였다.

하지만 1927년 남편과 함께 세계일주 여행을 떠난 것이 불행의 시작이었다. 예술의 도시 파리에서 잠시 남편과 떨어져 새로운 미술 경향을 익히던 그녀에게 천도교의 실력자 최린이 나타났던 것이다. 이미 유럽의 개방적인 분위기에 익숙해졌던 나혜석은 주저 없이 최린과 연애에 빠져들었다. 남편 김우영은 이 사실을 알았지만 아내의 부정을 눈감아 주었다.

하지만 이미 최린에 눈이 먼 나혜석은 귀국 후에도 그를 잊지 못한 채 계속 편지를 보냈다. 이에 김우영은 더 이상 참지 못하고 1931년 나혜석과 이혼하였다. 그런데 그녀는 최린과의 스캔들이 부부간의 정을 두터이 하는 데 도움이 될 것으로 믿었다며 변명했다. 그뿐만 아니라 "정조는 도덕도 법률도 아닌 오직 취미다"라는 폭탄 발언도 서슴지 않았다. 결혼부터 이혼에 이르기까지 실로 기존의 관념을 완전히 뒤집어

엎은 것이다. 또 1934년 『삼천리』에 기고한 「이혼고백서」에서도 그녀
는 조선 사회의 오랜 관습을 공개적으로 비판하였다.

따가운 사회적 눈총 속에서도 나혜석은 재기를 위해 1935년 다시 개
인전을 열었다. 하지만 한번 떠난 인심은 결코 돌아오지 않았다. 그녀
를 감당하기에는 당시 사회는 너무나 닫혀 있었다. 상심한 그녀는 이후
사찰과 양로원 등지를 떠돌아다녔고, 극심한 신경쇠약에 시달리기까지
하였다.

그러다가 끝내 서울에 있는 자혜병원 무연고자 병동에서 험난한 선
구자의 길을 마감했다. 1948년 12월 10일의 일이었다. 어쩌면 그녀는
너무 일찍 꽃을 피웠다가 꽃샘추위에 얼어 죽은 '시대의 미숙아'였는지
도 모른다.

하지만 당시 그녀가 추구한 삶이 현재는 일상에서 구체화되고 있다
는 점에서 불꽃처럼 살다간 그녀의 삶은 결코 실패는 아니었다.

* 1921년 3월 19일 '나혜석, 여자 화가 최초 개인전 개최' 참조

—

1018년 12월 10일

거란, 제3차 고려 침입

—

고려의 북진 정책과 거란의 동침 정책이 충돌함에 따라 모두 3차에
걸쳐서 거란의 침입이 있었다. 거란의 제1차 침입은 성종 12년(993)에
이루어졌다. 이때 소손녕을 도통으로 80만 대군이 침입했으나 서희가
소손녕과 담판을 해서 화약을 맺고 물러갔다.

하지만 그 뒤에도 고려가 여전히 친송親宋 정책을 유지하고 거란을 멀리하자 현종 1년(1010)에 40만 대군을 이끌고 2차 침입을 감행했다. 고려 현종은 거란군이 개경까지 밀려오자 나주로 피난하였다. 결국 개경이 점령된 뒤 10여 일 만에 강화가 성립되어 거란은 하공진을 볼모로하여 철군하였다.

그리고 현종 9년(1018) 12월 10일에는 소배압이 총지휘하여 10만 명의 군사가 3차 침입을 했다. 이때 고려에서는 상원수 강감찬과 부원수 강민첨으로 하여금 20만 명의 군사를 영주에 배치시켜 두었다. 그리고 적이 내습하자 흥화진으로 전진하여 정기精騎 1만 명을 산골짜기에 잠복시키는 한편, 성동대천을 막아 놓았다가 물을 터서 적을 크게 무찔렀다.

이어 강민첨이 곳곳에서 개경을 향하던 소배압을 공격하자, 거란군은 이듬해 정월 개경에서 가까운 선은현까지 왔다가 퇴각하기 시작했다. 이때 강감찬이 귀주에 숨겨 두었던 군사로 후퇴하는 적을 격파하여 대승을 거두었다. 귀주대첩으로 불리는 이 싸움에서 살아남아 본국으로 돌아간 거란군은 몇천 명에 불과했다.

하지만 현종 11년(1020) 5월부터는 양국의 국교가 회복되어 고려는 송과의 관계를 끊고 거란의 연호를 쓰게 되었다.

* 1011년 1월 13일 '고려 현종, 나주로 피난' 참조
* 1019년 2월 1일 '강감찬, 거란군을 귀주에서 대파하다' 참조
* 1031년 8월 19일 '거란의 침입을 물리친 명장 강감찬이 세상을 떠나다' 참조

2000년 12월 10일

김대중 대통령, 우리나라 최초로
노벨 평화상을 수상하다

"노벨 평화상은 세계 인류에게 평화를 위해 헌신하도록 격려하는 숭고한 메시지이자 나에겐 영광인 동시에 무한책임의 시작입니다. 나머지 인생을 바쳐 한국과 세계의 인권과 평화, 그리고 우리 민족의 화해 · 협력을 위해 노력할 것을 맹세합니다."

-김대중, 노벨 평화상 수상 연설

　　매년 12월 10일은 스웨덴의 화학자 노벨의 기일이며, 또 그에 의해 제정된 노벨상을 시상하는 날이다. 특히 뉴밀레니엄 첫해인 2000년은 노벨 평화상 제정 100년째가 되는 해였다.

　　2000년 12월 10일 노르웨이 오슬로 시청 메인홀에서 하랄드 5세 노르웨이 국왕과 각국 외교사절 등 1,100여 명이 참석한 가운데 노벨 평화상 시상식이 열렸다. 다른 시상식은 스웨덴의 수도 스톡홀름에서 하지만 평화상만은 노르웨이 수도 오슬로에서 거행한다.

　　이날 우리나라의 김대중 대통령이 한국 · 동아시아의 민주주의와 인권, 한반도의 평화와 화해를 증진시킨 공로를 인정받아 노벨 평화상을 수상했다. 이로써 김대중은 한국인으로는 최초로 노벨상을 수상하였으며, 아시아인으로서는 일곱 번째 노벨 평화상 수상자로 기록되었다.

　　김대중은 노벨 평화상 인증서와 금메달, 900만 크로네 상당의 상금을 받았다.

* 1973년 8월 8일 '김대중 납치 사건이 일어나다' 참조
* 1998년 2월 25일 '김대중, 제15대 대통령 취임' 참조
* 2000년 6월 13일 '김대중 대통령, 김정일 국방위원장과 첫 남북 정상회담
  을 가지다' 참조
* 2009년 8월 18일 '김대중 전 대통령 서거' 참조

1926년 12월 10일

유일한, 유한양행 설립

미국에서 유학한 뒤 숙주나물을 취급하는 라초이 식품주식회사를 설립했던 유일한이 귀국하여 유한양행을 설립하였다. 1926년 12월 10일의 일이었다.

1934년에는 독일의 도마크 박사에 의하여 개발된 세균 감염 치료제 '프론토질Prontosil'을 동양에서 제일 먼저 도입하였고, 1939년 우리나라 최초로 종업원 지주제를 실시하였다.

이후 만주, 다롄大連, 톈진天津 등 동북아 일원으로 사세를 확장하였다. 그리고 해방 후에는 미국에서 돌아와 유한양행을 재정비하고 성실한 우수 약품 생산업체로 키웠다.

1969년에는 기업의 제일선에서 은퇴하여 혈연관계가 전혀 없는 조권순에게 사장직을 물려줌으로써 전문경영인 등장의 길을 여는 데 선구적 역할을 하였다.

1971년 3월 76세를 일기로 사망하였다.

* 1971년 3월 11일 '유한양행 설립자, 유일한 박사 사망' 참조

—

1935년 12월 10일

부민관 준공

—

경성전기주식회사의 기부금으로 경성부가 부민의 오락과 교양을 위해 1934년 7월에 착공했던 극장 부민관이 이듬해인 1935년 12월 10일에 준공되었다.

부민관은 태평로의 약 5,000㎡ 부지에 지하 1층, 지상 3층으로 지어진 우리나라 최초의 근대식 다목적 회관으로, 수용 인원은 1,800명이었다. 이곳에서 중요한 강연회가 열리고 각종 연회 등이 공연되었다. 1945년 7월 24일에는 이곳에서 대한애국청년당 당원 조문기·류만수 등에 의해 폭파 의거가 일어나기도 했다.

8·15 해방 뒤에는 서울시 소유가 되어 1950년 국립극장으로 지정되었다. 그 후 용도가 여러 번 바뀌었다가 1991년 이래 2012년 현재까지는 서울특별시 시의회 의사당으로 쓰이고 있다.

* 1945년 7월 24일 '경성 부민관 폭파 사건 발생' 참조

1941년 12월 10일

상하이 임시정부, 대일 선전포고 발표

상하이에 있는 대한민국 임시정부는 1940년 한국 광복군을 창설하였다. 이듬해인 1941년에 일본의 진주만 공격으로 태평양 전쟁이 시작되자, 그해 12월 10일 상하이 임시정부는 일변한 세계 정세를 감지하고 대일對日 선전포고를 발표했다. 개전 이틀 만에 김구 주석과 조소앙 외교부장 명의로 일본에 전쟁을 선포한 것이었다. 뒤를 이어 독일에 대해서도 선전 포고를 하였다.

그 후 광복군은 연합군의 일원으로 참전하여 중국과 미얀마·인도 전선에까지 파견되어 작전을 수행하였다. 또한 포로 심문·암호 해석·선전 전단 작성·대적 회유 등의 심리전에도 참여하였다.

이어 1945년에는 대한민국이란 국명으로 대일 선전포고를 하는 한편, 광복군 산하 낙하산 부대를 편성해서 본국 상륙 작전 훈련을 실시하였다.

그러다가 갑작스레 8월 15일에 해방을 맞았다. 광복군 훈련에만 열중하다 해방을 맞은 것이었다. 이에 해외에 있던 김구는 "올 것이 너무 일찍 왔구나!" 하고 땅을 치며 울었다고 한다.

12월의
모든 역사

12월 11일

935년 12월 11일

신라가 멸망하다

경순왕 9년 겨울에 왕은 사방의 토지가 모두 다른 사람의 차지가 되었고 나라는 약하고 형세는 외롭게 되어 스스로 힘으로 안정시킬 수 없다고 여겨, 여러 신하들과 더불어 도모하여 땅을 들어 고려 태조에게 항복하려고 하였다. 여러 신하들이 의논하기를 어떤 사람은 그렇게 하는 것이 좋다 하고, 어떤 이는 그렇게 해서는 안 된다고 하였다.

－『삼국사기』

역사학에서 시대 구분은 굉장히 중요한 작업이다. 이를 통해 역사의 발전 과정과 그 모습을 체계적으로 인식할 수 있기 때문이다. 신라 사회에 대해서는 이미 『삼국사기』와 『삼국유사』에서 시대 구분이 행해졌다.

『삼국사기』에서는 신라를 크게 상대·중대·하대로 나누었는데, 상대는 혁거세부터 진덕여왕까지, 중대는 무열왕부터 혜공왕까지, 그리고 하대는 선덕왕부터 경순왕까지를 일컬었다. 상대가 신라의 골격이 형성된 시기였다면 중대는 이를 바탕으로 삼국을 통합하여 그야말로 신라의 전성기를 구가했고, 하대에는 낙엽이 지는 가을처럼 혼란과 쇠퇴를 거듭하다 결국 역사 속으로 묻힌 시기였다.

사실 세상에 어떤 것도 영원하지는 않다. 국가의 흥망도 다르지 않다. 로마나 몽골 제국의 운명이 그것을 잘 대변한다.

번영을 자랑하던 신라도 중대 말에 이르자 서서히 몰락의 조짐을 보이기 시작했다. 특히 골품 제도가 흔들리면서 혜공왕 때에 일어난 대공의 난은 신라를 내란의 소용돌이로 휘몰아갔다. 이 와중에 혜공왕이 살해되고 선덕왕이 즉위하였으나, 이후에도 왕위를 놓고 진골 귀족들 간에 치열한 싸움이 벌어졌다.

이런 정치적 혼란은 지방에서 새롭게 호족들이 등장하는 계기가 되었다. 이들은 주로 촌주처럼 일정한 지역에서 대물려 지배권을 행사하다 성주나 장군을 자칭한 세력, 또는 중앙의 귀족으로 있다가 몰락해 지방으로 내려가 실력을 키운 부류들이었다. 여기에 변방 부대의 지휘관에서 독립한 군사 세력도 추가할 수 있다.

이들 호족들은 지금의 군 정도의 지역을 차지하고 그 주민들을 사실상 독자적으로 지배했다. 이를테면 마치 중세 유럽처럼 소왕국을 형성하여 중앙의 통제를 최소화시켰던 것이다.

　진성여왕 때에 이르면 정치는 더욱더 문란해지고 국고는 텅텅 비어 농민들에 대한 착취는 그만큼 더해갔다. 그렇지 않아도 흉년과 전염병 등으로 고통을 겪던 농민들은 참았던 울분이 활화산처럼 폭발했다. 상주에서 일어난 원종과 애노의 난이 그 신호탄이었다.

　뒤를 이어 북원의 양길, 죽주의 기훤, 완산의 견훤, 양길에게서 독립한 궁예 등이 잇따라 난을 일으켰다. 하지만 시간이 흐르면서 이들 여러 반란 세력들은 차츰 궁예와 견훤 두 세력으로 정리되었다.

　견훤은 무진주를 점령하고 다시 완산주를 공략하여 이곳에 후백제를 세웠다. 여기에는 옛 백제의 원수를 갚겠다는 의지가 서려 있었다. 궁예는 송악을 근거지로 고구려의 부흥을 내걸고 후고구려를 건국하였다가 나중에 철원으로 옮겼다. 이로써 기존의 신라와 함께 새로 삼국이 정립하게 되니 이것이 후삼국이다.

　하지만 모양새만 그렇지 실제로 신라는 이제나 저제나 죽음만을 기다리는 형편이었다. 후백제는 처음에 군사적인 면에서 궁예와 신라를 압도하고 있었으나 왕위를 둘러싼 내분으로 스스로 무너져 내리기 시작했다. 궁예는 그 포악한 성질로 흉악한 정치를 펼치다 홍술과 신숭겸 등의 추대를 받은 왕건에게 쫓겨났다. 왕건은 나라 이름을 새로 고려라 고치고 후백제와 치열한 대결에 들어갔다.

　이런 고려와 우호적으로 지내던 신라는 이를 미워한 견훤의 침공으로 경애왕이 자살하는 불행을 당하였다. 견훤은 왕족인 김부를 왕으로 세웠는데, 이가 곧 신라의 마지막 왕인 경순왕이다.

　경순왕은 견훤에 의해 왕위에 올랐지만 견훤을 멀리하고 왕건과 가까이 지냈다. 이후 신라의 민심은 급속히 왕건에게 쏠려 수많은 지역들이 앞다퉈 고려에 투항했다. 신라는 겨우 경주에만 웅크린 형세가 되어 일개 지방관 같은 신세로 전락했다.

여기에 견훤까지 고려에 귀순해 후백제의 운명도 다하는 게 보이자 경순왕은 고려에 항복을 결심하였다. 아들 마의태자가 거세게 반대했지만 더 이상 무죄한 백성을 희생시킬 수 없다며 자신의 의지를 꺾지 않았다. 천년을 버텨온 신라는 썩은 고목처럼 그렇게 맥없이 쓰러졌다. 935년 12월 11일의 일이었다.

고려는 또한 후백제를 936년에 멸망시키고 마침내 후삼국을 통일하였다.

* 676년 4월 5일 '신라, 삼국을 통일하다' 참조

* 936년 10월 1일 '고려, 후삼국을 통일하다' 참조

1931년 12월 11일

지청천 등 한국독립군, 중국군과 항일 연합군 편성

1930년 7월, 한족 총연합회는 홍진, 지청천이 중심이 되어 한국독립당을 결성하였다. 이어 한국독립당은 그해 11월에 긴급중앙회의를 열고 한국독립군 창립을 의결하였다. 이에 따라 지청천을 총사령관으로 하는 한국독립군이 창설되었다. 초창기 부대의 규모는 약 150여 명 정도였다.

그해 12월 11일, 지청천은 최악, 오광선 등을 대동하고 길림호로군 연합군 총사령관 정초와 협의하여 한중 연합군을 편성하였다. 이때 한중 연합군의 구체적인 조건을 의결하였다. 이로써 9·18사변으로 비롯

된 일제의 침략에 맞서 한 · 중 양군의 연합전선이 구체화되었다. 양군의 합의사항은 다음과 같다.

첫째, 어떤 열악한 환경을 막론하고 장기 항전을 한다.

둘째, 중동 철로를 경계로 하여 서부전선은 중국군이 맡고, 동부전선은 한국독립군이 담당한다.

셋째, 한중 양군의 전시 후방 교련은 한국독립군의 장교가 부담하고, 한국독립군의 소요일체(보급) 자료는 중국군이 공급한다.

그 뒤 한국독립군은 길림자위군 등 중국의용군과의 교섭을 진행하는 한편, 모병 활동 및 군사훈련에 매진하며 대일對日 항전에 대비하였다.

한국독립군은 1932년에는 중동철도 연선과 동빈현 등에서 적의 대부대와 조우전을 벌였으며, 아성현 전투, 쌍성보 전투, 대전자령 전투 등지에서 큰 승리를 거두었다.

이후 한국독립군은 임시정부의 요청에 따라 중국 관내로 이동하여 한국광복군 창설에 참여하였다.

* 1888년 1월 25일 '독립운동가 지청천 출생' 참조
* 1930년 7월 26일 '독립운동가 지청천, 한국독립당 결성' 참조
* 1932년 9월 19일 '한중 연합군, 쌍성보를 공격하다' 참조

1968년 12월 11일

광화문 복원 공사 준공식 거행

1968년 12월 11일 박정희 대통령과 외교사절, 문화계 인사가 참여한 가운데 광화문을 41년 만에 복원하는 준공식이 거행되었다.

광화문은 원래 1399년 창건되었다. 이때 이름은 사방에서 어진 이가 오가는 정문이라는 뜻의 '사정문四正門'이었다. 그러다가 1452년 집현전 학사들의 의해 '광화문光化門'으로 개명되었다. 이는 '빛이 사방을 덮고 교화가 만방에 미친다'는 뜻이었다.

광화문은 임진왜란 때 소실되었다가 1865년 흥선 대원군에 의해 경복궁과 더불어 중건되었다. 그후 1927년 일제가 조선총독부 건물을 지으면서 지금의 국립 민속박물관 앞으로 이전하였다. 그리고 한국전쟁으로 폭격 맞았던 광화문을 이날 다시 복원한 것이었다.

이 공사로 파괴된 문루는 다시 지어졌고 위치도 현재의 자리로 옮겨 놓았다. 그러나 새로 재건한 광화문은 철근 콘크리트로 지어졌다. 또한 재건 당시 광화문의 축을 경복궁의 중심축에 맞춘 것이 아니라 당시 중앙청으로 쓰이던 구 조선총독부 청사의 축에 맞추었다. 그 결과, 3.5도 가량 본래의 축과 어긋나게 틀어지고 말았다. 그리고 원래의 광화문 자리에서도 14.5m가량 뒤로 물러나 서 있게 되었다. 광화문의 현판 또한 재건 당시 박정희 대통령이 직접 한글로 '광화문'이라 써서 걸었다.

이후 '역사 바로 세우기'의 일환으로 2006년 4월부터 광화문 복원 공사가 이루어져 2010년 8월 15일에 고종 당시의 모습으로 복원시켰다. 이때 박정희 전 대통령이 쓴 한글 현판 대신, 1865년 중건 당시 공사

감독관이자 훈련대장이었던 임태영이 한자로 쓴 현판인 '光化門'으로 교체했다. 하지만 이것이 2010년 11월 균열이 발생하면서 다시 제작에 들어갔다.

이후 2012년 현재까지 조선 최고 명필가의 글씨로 하자, 정조의 글씨를 집자集字해 사용하자, 외국인들도 읽기 쉬운 한글로 하자 등등 현판에 대한 의견이 분분한 상태이다.

1919년 12월 11일

「매일신보」, 우리나라 최초로 신춘문예 도입

신춘문예는 일간 신문사나 잡지사에서 매년 연말 문학작품을 공모하여 신년 초에 당선자들과 그들 작품을 지면에 발표하고, 상금을 주는 제도를 말한다.

이를 처음으로 시작한 신문은 조선총독부 기관지인 「매일신보」이다. 원래는 '신년문예 모집'이라는 제목으로 1914년 12월 10일자에 처음 공지하였다. 그후 1919년 12월 11일자부터 '신춘문예'라는 이름으로 신인 작가들의 원고를 모집하기 시작한 것이다.

이후 1925년에 「동아일보」가 신춘문예 공모를 시작하였고, 그 뒤를 이어 1927년에 「조선일보」도 이를 따랐다.

그 후 신춘문예는 근대 이후 한국 문단의 신인 발굴에 크게 기여하였다는 평가를 받았다. 2012년 현재에도 여러 신문사에서 이 제도를 시행하고 있다.

12월의
모든 역사

12월 12일

■
·
■

1979년 12월 12일

12·12 사태가 일어나다

피고인들이 군사반란과 내란을 통하여 폭력으로 헌법에 의하여 설치된 국가기관의 권능행사를 사실상 불가능하게 하고 정권을 장악한 후 국민투표를 거쳐 헌법을 개정하고 개정된 헌법에 따라 국가를 통치하여 왔다고 하더라도, 피고인들이 새로운 법질서를 수립한 것이라고 할 수는 없다. 우리나라의 헌법 질서 아래에서는 헌법에 정한 민주적 절차에 의하지 아니하고 폭력에 의하여 헌법기관의 권능행사를 불가능하게 하거나 정권을 장악하는 행위는 어떠한 경우에도 용인될 수 없는 것이다.

-12·12 사태와 관련한 대법원 판결문

김영삼 문민정부는 제2의 경술국치라는 'IMF 사태'를 막지 못해 지금도 숱한 사회적 지탄을 받고 있다. 그렇긴 해도 한 가지만큼은 확실하게 인정받는 업적이 있다. 바로 '하나회'라는 군내 사조직의 척결이다. 이는 이 땅에서 일상처럼 존재하던 군사 쿠데타의 불안을 일거에 제거했음을 의미한다.

연고문화의 폐해를 생생히 드러낸 이 하나회는 국가의 공식적 체계를 완전히 무너뜨리고 쿠데타의 장본인이 된 바 있다. 이른바 '12·12 쿠데타'가 그것이다. 역사의 바늘은 이로 인해 한참이나 거꾸로 돌아야 했다.

유신의 서슬이 아직도 시퍼렇던 1979년 10월 26일 밤, 청와대 근처 궁정동 중앙정보부 안가에서 난데없는 총성이 울렸다. 이 총성은 작게는 유신 시대의 숨통을 끊고 크게는 대한민국의 역사를 한순간에 뒤바꾸어 놓았다. 중앙정보부장 김재규가 대통령 박정희를 시해했던 것이다. 이른바 '10·26 사건'이다.

김재규는 사건 이후 "야수의 심정으로 유신의 심장을 쏘았다"며 정의감에 불타 있었다. 그만큼 유신 시대의 철권통치는 국민들에게 거센 저항을 받고 있었다. 이 사건이 우발적으로 벌어졌는지 아니면 치밀한 계획에 의해서였는지, 혹은 미국의 입김이 들어가 있는지 아직도 그 정확한 진실은 베일에 덮여 있다.

10·26이 터진 후 김재규는 다음 날 새벽 곧 체포되었다. 이어 정부는 제주도를 제외한 전 지역에 비상계엄을 선포하고 계엄사령관에 육군참모총장 정승화를 임명하였다. 최규하 국무총리는 대통령직을 대행하였는데, 12월 6일 통일주체 국민회의에서 정식으로 대통령에 선출되었다.

하지만 당시 실력자는 최규하도 아니고 정승화도 아닌 보안사령관 전두환이었다. 그는 박정희 살해 사건을 수사하는 합동수사본부장을 맡아 정국을 주도했다. 보안사가 중앙정보부까지 장악한 상태에서 대한민국의 모든 정보는 그의 손아귀 안에 들어갔다.

권력의 원천은 무엇보다 정보이다. 이것을 누가 소유하고 분배하느냐에 따라 권력의 향배가 달라지는 것이다. 그렇지만 엄연히 존재하는 국가의 공식적인 지휘 체계를 쉽게 무시할 수는 없다. 전두환과 정승화는 10·26에 대한 수사와 군 인사 문제를 놓고 자주 마찰을 일으켰다. 전두환의 월권행위를 보다 못한 정승화는 그를 보안사령관에서 해임하고 한직으로 전출시키고자 하였다. 이에 위기감을 느낀 전두환은 군대 내 육사 동기 모임인 하나회 세력을 동원해 정승화를 제거하기로 결심하고 치밀하게 거사 계획을 짰다.

전두환을 우두머리로 한 신군부 세력은 정승화를 체포하기 위해 세 가지 방안을 구상하였다. 총장 집무실에서의 체포, 이동 중인 도로 위에서의 체포, 총장 공관에서의 체포 등이었는데, 이 중 공관에서의 체포가 채택되었다.

드디어 운명의 12월 12일 저녁이 되자 경복궁 30경비단장실에 전두환을 비롯한 신군부 세력이 속속 모여들었다. 이날의 거사에는 '생일집 잔치'라는 암호명이 붙었다. 보안사에서는 허화평과 권정달 등이 상황실을 차려 놓고 주요 부대 지휘관들의 모든 전화를 도청하며 그들의 동향을 체크하였다.

마침내 저녁 7시가 되었다. 보안사의 허삼수와 육본의 범죄수사단장 우경윤 등이 정승화를 체포하기 위해 총장 공관으로 출동했다. 성환옥이 이끄는 수경사 33헌병대 병력이 그 뒤를 지원했다. 허삼수와 우경윤은 총장 공관에서 정승화를 만나 김재규와 관련한 수사를 이유로 강제 연행을 시도했다. 이에 정승화가 큰 소리로 경비병을 부르면서 총격전 이 벌어졌다.

우경윤이 경비병의 총을 맞고 쓰러졌으나 허삼수 등이 정승화에게 총부리를 대고 위협하여 끝내 연행을 막을 수 없었다. 공관 외곽의 경 비병들도 무력으로 제압된 상태였다. 정승화는 보안사 서빙고 분실로 끌려갔다. 사건의 중요성에 비해선 너무도 일이 싱겁게 끝났다.

당시 장태완 수경사령관과 정병주 특전사령관 등 계엄사 측의 핵심 지휘관들은 보안사 만찬에 참석하고 있었다. 연회 도중 정승화의 연행 사실을 알게 된 이들은 뒤늦게 대응에 나섰지만 오히려 휘하의 장교들 에게 체포되고 말았다. 이로써 사실상 게임은 끝났다.

이들 부대의 핵심 장교들이 사조직 하나회의 회원이었던 것이 문제 였다. 이들은 공식적인 지휘 체계를 무시하고 오직 하나회의 이익에만 복무했던 것이다. 전두환은 정승화 체포에 대한 최규하의 허락을 받고 자 하였지만 최규하는 국방부 장관을 데려오라며 버텼다. 나중에 재가 를 받아내긴 했지만 대통령의 재가가 떨어지기 전에 정승화를 체포했 으므로 이는 명백한 불법, 즉 쿠데타였다.

이 사건으로 이 땅의 민주주의에는 또다시 혹독한 겨울이 들이닥쳤 다. 하지만 1997년 4월 17일 대법원에서 전두환 전 대통령에게 무기징 역이, 노태우 전 대통령에게 17년 징역형이 확정됨으로써 이들의 행위 는 역사의 심판을 받았다.

* 1979년 10월 26일 '박정희 대통령, 김재규의 총탄에 사망하다' 참조

1948년 12월 12일

유엔총회, 대한민국 정부를 한반도 내 유일 합법 정부로 승인

1948년 12월 대한민국 정부는 파리에서 개최된 제3차 유엔총회에 최초로 정부대표단을 파견하였다. 그리고 12월 12일에 열린 제3차 유엔총회에서 대한민국 정부가 한국민의 정당한 선거를 통하여 수립된 유일한 합법정부라는 내용을 포함한 한국 관련 결의 제195(Ⅲ)호가 압도적 다수로 채택되었다.

이로써 유엔총회 결의 제112(Ⅱ) B호에 따라 설치된 유엔 한국임시위원단의 감시 하에 실시된 총선을 통하여, 1948년 8월 15일에 수립된 대한민국 정부가 정식으로 인정받았다. 그러나 북한은 1948년 9월 9일 '조선민주주의 인민공화국'을 선포하고, 유엔의 권능을 부인하였다.

한편 이후로 40여 년간 남북한은 유엔 정회원국이 되지 못하다가 1991년 9월 17일에야 남북한이 동시에 가입하였다.

* 1948년 8월 15일 '대한민국이 탄생하다' 참조
* 1948년 9월 9일 '조선민주주의 인민공화국 수립' 참조

—

1950년 12월 12일

흥남 철수 작전 시작

—

동부전선에 진출했던 미 10군단 병력 10만여 명은 1950년 12월 초 원산이 중국군에 함락되면서 퇴로를 차단당했다. 또 함경남도 장진호 부근까지 진격했던 미 해병 1사단 병력 1만 2,000명도 중국군에 완전 포위당했다. 이에 따라 해병 1사단 병력을 구출해 내고, 미 10군단 병력을 흥남부두에 집결시켜 철수시킨 것이 이른바 흥남 철수 작전이었다.

이 작전은 1950년 12월 12일부터 12월 24일까지 13일간 이루어졌다. 이 작전으로 병력 10만여 명, 피난민 10만여 명이 탈출하였다. 차량 1만 7,500대, 연료 2만 9,000드럼, 탄약 9,000여t 등 35만의 장비도 수송되었다.

미군은 흥남철수 작전을 끝내면서 흥남 항구를 폭파시켰다. 흥남 철수 작전의 성공으로 이후 한국전쟁의 양상이 크게 바뀌었다. 또한 미 10군단은 뒷날 중국군의 대공세를 막아내는 주력 부대가 되었다.

12월의
모든 역사

12월 13일

■
■
■

1863년 12월 13일

고종, 12세의 나이로 왕위에 오르다

궁궐에 전화가 가설되자 고종은 아무리 멀리 떨어져 있어도 사람의 목소리를 들을 수 있겠다는 생각에 홍릉에 전화기 설치를 지시하였다. 그곳은 을미사변으로 살해당한 명성황후의 무덤이었다.

"여보, 어제는 춥지 않았소?"

고종은 매일 아침 홍릉으로 전화를 걸어 죽은 명성황후에게 안부를 전하는 것을 잊지 않았다. 이것은 일제의 의해 강제 퇴위를 당하는 그날까지 이어졌다.

　홍선 대원군 이하응이 아직 재야에 있을 때다. 아버지 남연군이 죽은 후 10년쯤 지난 어느 날, 묏자리 등의 길흉을 살피는 지관 정만인이 찾아왔다. 충청도 덕산 가야산과 광천 오서산에 천하의 명당이 있다는 것이었다. 가야산은 2대에 걸쳐 왕이 나올 자리이고 오서산은 만대에 걸쳐 영화를 누릴 자리라고 하였다.

　이하응은 한 치의 망설임 없이 가야산을 택해 그리로 남연군의 묘를 이장했다. 또 당시 '구름재雲峴에 왕기가 서렸다'는 소문이 나돌기도 했는데, 이곳은 바로 이하응이 살던 곳이었다. 이들 이야기들이 어디까지가 진실인지는 모르지만 실제로 이하응의 둘째 아들 명복은 왕위에 올랐다.

　살아 있는 최초의 대원군이 된 홍선군 이하응은 족보상으로는 사도세자의 증손자이다. 사도세자에게는 정조 이외에도 은신군 등의 또 다른 아들이 있었는데, 은신군이 역적으로 몰려 아들도 없이 죽자 남연군이 그 양자로 들어가 가계를 잇게 되었다. 본래 남연군은 효종의 동생 인평대군의 후손이었다.

　홍선군 이하응은 바로 이 남연군의 막내아들이었다. 그는 어려서부터 매우 영특하여 남연군은 항상 집안을 크게 일으킬 아이라며 칭찬하였다. 실제로 홍선군은 글과 그림, 글씨, 노래에 모두 능하였다. 하지만 국왕은 허수아비이고 실제론 안동 김씨가 모든 권력을 쥐고 있다는 것이 문제였다.

　이른바 '세도 정치'가 그것으로 안동 김씨는 자신들의 권력을 유지하기 위해 총명한 왕족들을 극도로 경계하였다. 심지어 왕손 중에 가장 똑똑한 인물로 왕위 계승자로까지 거론되던 이하전은 대역죄로 몰려 죽음을 당하기도 하였다.

비범한 재능과 명석한 두뇌의 흥선군도 안동 김씨에게는 요주의 인물이었다. 이에 흥선군은 왕족의 자존심도 모두 내팽개치고 장안의 불량배들과 어울려 다니며 온갖 타락을 일삼았다. 어느 때는 안동 김씨 가문을 직접 찾아가 구걸 행각도 벌였다. 이 모두가 안동 김씨의 경계를 조금이라도 늦추기 위해서였다.

이런 식으로 흥선군은 신변의 위협을 최대한 줄이면서 한편으로는 은밀히 조성하를 통해 궁중의 최고어른인 조대비에 선을 댔다. 후사를 두지 못한 철종이 병약하여 머지않아 후계 문제가 닥쳐올 것임을 읽은 것이다. 철종은 5남 6녀를 낳았지만 어찌된 셈인지 영혜옹주 하나만을 제외하고는 모두가 일찍 죽어 버렸다. 조대비 역시 안동 김씨의 지나친 세도에 원한을 품고 있던 처지라 둘은 금세 뜻이 통하였다. 그리하여 철종이 죽으면 흥선군의 차남 명복을 다음 왕으로 세우기로 밀약을 맺었다.

흥선군이 둘째 명복을 낳은 지 얼마 안 되어 청도에서 관상가로 소문난 박유붕이 운현궁에 찾아왔다. 그는 흥선군에게 이곳에 상서로운 기운이 감돌고 있다며 명복의 관상을 봐주겠다고 하였다. 명복의 관상을 이리저리 살피던 박유붕은 갑자기 벌떡 일어나 명복을 안고 있는 흥선군에게 큰절을 하였다. 명복에게 천일天日의 기상, 즉 왕이 될 기상이 엿보인다는 것이었다.

흥선군은 떨리는 가슴을 주체할 수가 없었다. 이후 그는 명복에게 모든 희망을 걸고 살아왔다. 명복命福이라는 이름도 복을 많이 받고 오래 살라는 의미였다.

드디어 1863년 12월 시름시름 앓던 철종이 33세의 젊은 나이로 승하하였다. 후사를 남기지 못했으므로 조대비는 먼저 옥새를 거두고 전현

직 대신들을 모아 '흥선군의 둘째 아들 명복으로 하여금 익종의 대통을
계승케 하라'는 교서를 내렸다.

후계자 문제에 달리 대안이 없었던 안동 김씨나 다른 대신들도 이에
별다른 논란이 없었다. 단지 영의정 김좌근이 명복의 나이를 물어보는
정도였다. 이로써 당시 12세의 명복은 먼저 익성군에 봉해지고 다시 그
해 12월 13일 창덕궁의 인정전에서 조선의 26대 국왕으로 즉위하였다.
이가 곧 고종이다.

고종이 어렸으므로 관례에 따라 조대비가 수렴청정을 실시하였으나,
그녀는 이제 대원군이 된 흥선군에게 모든 권력을 위임했다. 이른바
'운현궁의 봄'이 도래한 것이다.

이후 대원군은 최익현의 상소로 자리에서 물러날 때까지 10년 간 조
선의 모든 정치를 요리했다. 외척인 안동 김씨의 세도에 크게 데였던
그는 1866년 고아나 다름없던 민치록의 딸을 고종의 비로 맞아들였다.
이가 바로 명성황후인데, 대원군 입장에서는 호랑이 새끼를 키운 꼴이
되어 버렸다. 며느리인 그녀가 강력한 정적으로 성장하여 그에 맞섰기
때문이다.

고종은 1873년 친정을 실시하지만 안팎으로 어려운 시대를 만나 평
생 가시밭길을 걸어갔다.

* 1866년 3월 6일 '민치록의 딸을 왕비로 간택하다' 참조
* 1896년 2월 11일 '고종과 왕세자, 아관 파천 단행' 참조

1991년 12월 13일

'남북한 화해 · 불가침 합의서' 채택

1988년 11월, 북한 총리 연형묵은 남북 양측이 정례화한 총리급 정치 · 군사회담을 제의하였다. 이 제안에 따라 남한과 북한은 1990년 9월부터 서울과 평양을 오가면서 고위급 회담을 개최해 왔다.

그 결과, 1991년 12월 13일 서울에서 열린 제5차 남북 고위급 회담에서 양측은 '남북 간의 화해와 불가침 및 교류 · 협력에 관한 합의서'에 공동 서명했다. 분단 이후 46년 만에 남한과 북한 사이에 공식 합의된 최초의 문서였다. 보통 '남북 기본 합의서'로 불린다.

서문과 4장 25조로 이뤄진 남북 기본 합의서는 이듬해 2월 평양에서 열린 제6차 고위급 회담에서 정식으로 교환되었고 그해 9월 제8차 고위급 회담에서 그 구체적 이행을 위한 화해, 불가침, 교류 · 협력 3개 분야의 부속합의서가 채택되면서 발효되었다. 이는 7 · 4 남북공동 성명에서 천명된 조국 통일 3대 원칙을 재확인하고 평화 통일을 성취하기 위한 공동의 노력을 경주할 것을 다짐한 것이었다.

그 후 남북 기본 합의서는 6 · 15 공동선언, 10 · 4 선언의 토대가 되었다.

* 1972년 7월 4일 '남북한, 7 · 4 남북 공동성명을 발표하다' 참조
* 2000년 6월 13일 '김대중 대통령, 김정일 국방위원장과 첫 남북 정상회담을 가지다' 참조
* 2007년 10월 2일 '제2차 남북 정상회담 개최' 참조

—

1993년 12월 13일

한미 쌀시장 개방안 완전 타결

—

우리나라의 허신행 농림수산부 장관과 미국의 에스피 농무부 장관이 1993년 12월 13일 정오에 제네바 포름호텔에서 제4차 회담을 갖고 쌀시장 개방 협상을 타결하였다. 이로써 우리나라의 쌀시장 개방이 '10년간 관세화 유예, 관세화 유예 기간 중 1~4% 최소 시장 접근 허용' 방식으로 최종 확정되었다.

이틀이 지난 12월 15일에는 117개 국가가 참가한 가운데 세계 각국의 무역 장벽을 제거하기 위한 우루과이 라운드UR 협상이 7년여 간의 난항 끝에 타결됐다. 이어서 이듬해인 1994년 4월 모로코의 마라케시에서 열린 각국 간의 각료급 회의에서 최종협정문이 조인됨으로써 우루과이 라운드는 완전 타결되기에 이르렀다. 이와 함께 새로운 세계 무역 질서를 이끌어갈 주체로서 세계무역기구WTO가 출범하였다.

UR 타결은 우리나라에 수출 확대 가능성을 높여준 반면 쌀 시장과 서비스 시장의 개방이라는 엄청난 변화를 몰고 왔다. 쌀 시장 전면 개방은 1995년에 10년 동안 유예됐지만 이때부터 쌀 5만이 수입됐으며, 2004년에 다시 관세화 유예가 10년 추가 연장되었지만 수입쌀 시판 의무 물량이 10%에서 30%로 점진적으로 확대되었고 의무 수입 물량도 10년간 7.96%로 증량하게 되었다.

12월의
모든 역사

12월 14일

■
·
■

2011년 12월 14일

1,000번째 위안부 할머니 수요 시위가 열리다

"이제 남은 생이 얼마 없으니 그동안이라도 한이 풀어지기를, 한마디라도 진실한 사과의 말을 듣는 것이 소원이다. 이렇게 저렇게 죽고 얼마 남지 않은 사람들이지만 그저 만분지 일 천분지 일이라도 말 한마디에 천 냥 빚을 갚는다는데 사과하고, 우리들 때문에 '이렇게 됐으니까 마음을 푸십시오'라고 해주면 얼마나 좋을까."

-길원옥, 일본군 위안부 피해자 할머니

1992년 1월 8일, 미야자와 기이치 일본 총리는 우리나라 방문을 앞두고 있었다. 이날부터 일본 정부의 사과와 법적 배상을 요구하는 일본군 위안부 피해자 할머니들의 수요 시위가 시작되었다. 공식 명칭은 '일본군 위안부 문제 해결을 위한 정기 수요 시위'이다.

위안부 할머니들에 대한 실상은 앞서 1991년 8월에 김학순 할머니가 "나는 일본군 위안부였소. 내가 눈을 감기 전에 내 한을 풀어주시오."라고 처음으로 증언하면서 만천하에 드러났다. 이에 다른 할머니들도 용기를 내어 증언하기 시작하였다.

일본군 위안부는 1944년 8월 23일 공포된 '여자 정신대 근무령'에 따라 12~40세의 조선 처녀들이 일본과 조선의 군수공장, 간호보조 등에 강제로 배치하면서 시작되었다. 이렇게 정신대에 동원된 여자들 중 상당수가 '군대 위안부'로 빼돌려졌다. 전쟁이 장기화되자 일제는 장병들의 사기를 진작시키기 위해 성적 욕구를 풀어 줄 필요가 있다고 판단했던 것이다. 자국의 일반 여성들을 위안부로 동원할 수도 없다 보니 결국 조선의 여성들이 희생양이 되었다.

11월 16일에는 37개의 여성단체가 모여 한국정신대문제대책협의회(정대협)를 창립하였다. 그 후로 수요 시위는 정대협 주최로 매주 수요일마다 우리나라 주재 일본 대사관 앞에서 열렸다. 이때부터 위안부 문제는 사회적 · 국제적 관심사로 떠올랐다.

유엔인권위원회와 여성차별철폐위원회, 국제노동기구ILO 전문가위원회 등 국제기구들은 연달아 일본 정부에 공식 사죄와 법적 배상, 책임자 처벌 등을 요구하는 결의문과 보고서를 채택했다. 미국과 EU, 캐나다, 네덜란드 등 세계 각국 의회에서도 일본군 위안부 문제 해결을 요구하는 결의안을 채택하였다.

특히 2000년 12월 일본 도쿄에서 '여성 국제 전범 법정'이 열려 전일본 국왕 히로히토에게 유죄 판결을 내려 국제사회의 주목을 받았다. 이 법정은 여성들의 힘으로 연 민중법정이며, 더욱이 성노예 제도의 가해국에서 열렸다는 점에서 역사적 사건으로 평가받았다. 이런 활동을 통해 수요 시위는 일본군 위안부 문제 해결을 위한 활동을 알려내는 데만 그치지 않고, 살아있는 역사교육의 공간이자 국경과 이념을 초월한 연대의 장으로 자리 잡았다.

이후 수요 시위는 여성단체와 시민사회단체, 학생들, 풀뿌리 모임, 평화단체, 종교계 등에서 관심을 갖고 함께 참여하였으며, 일본에서 방문한 평화활동가를 포함하여 외국인들의 참여도 많았다. 위안부 할머니들은 수요 시위를 통해 다음과 같은 것을 요구하였다.

1. 일본군 위안부 범죄 인정
2. 위안부 진상 규명
3. 일본 국회의 사죄
4. 법적 배상
5. 역사교과서 기록
6. 위령탑 및 사료관 건립
7. 책임자 처벌

하지만 일본 정부는 수요 시위나 정대협의 요구 사항에 대해 공식적인 반응을 내놓지 않았다.

2011년 12월 14일에는 1,000번째 수요 시위가 있었다. 이 수요 시위에는 일본군 위안부 피해자 할머니 길원옥, 김복동, 박옥선, 김순옥, 강일출 등 5명과 정대협 구성원 그리고 3,000여 명의 시민들이 참여했다. 국내 9개 지역 30개 도시, 세계 8개국 42개 도시 등에서 연대 행동도 이어졌다. 그리고 일본 정부의 반발이 있었지만, 일본군 위안부 소녀를 형상화한 평화비 제막식도 진행되었다.

2012년 현재, 정부에 등록된 일본군 위안부 피해자 234명 중 173명이 사망하였고 61명이 생존해 있다.

* 1944년 8월 23일 '여자 정신대 근무령을 공포하다' 참조

1959년 12월 14일

재일교포의 제1차 북송이 시작되다

'재일 조선인은 범죄율이 일본인의 6배나 되고 생활보호가정이 1만 9,000 가구, 8만 명이 넘어 보조 경비가 연간 17억 엔에 이른다. 그러므로 재일 조선인을 그들의 땅으로 귀환시켜야 한다.'

-일본 외무성 극비 문서

한 재일교포 청년이 생활고를 견디다 못해 '먹고 살 수 있도록 귀국을 허락해 달라'는 내용을 담은 편지를 김일성 북한 노동당 중앙위원장에게 보냈다. 김일성은 곧바로 긍정적인 답장을 보냈다. 북한으로서는 재일교포들을 체제 우위를 선전하기 위한 수단과 전후 복구를 위한 고급 인력으로 활용할 수 있었기 때문이다.

이후 1955년 2월, 북한 외무상 남일은 재일교포의 귀환을 추진할 것

을 대내외에 공식 천명했다. 이로써 재일교포 북송 문제가 처음으로 대두되었다. 하지만 실제로는 1950년대 당시 북한에 있던 자국민들을 송환하기 위해 일본이 먼저 재일 조선인의 북송을 제안한 것이었다는 것이 밝혀졌다. 1954년 일본 적십자사가 국제적십자연맹을 통해 북한 적십자사에 보낸 전문에 다음과 같이 씌어 있었다.

'만약 일본인의 귀환이 허용돼 일본 측 배가 북한에 들어가게 되면 북한으로
귀국하길 희망하는 재일 조선인을 그 배에 태워 보낼 수 있다.'

1958년에 일본 주요 정당 인사가 망라된 '재일 조선인 귀국 협력회'가 결성되었고, 1959년 8월 조선적십자회와 일본적십자사는 인도 콜카타에서 '재일교포 북송에 관한 협정'에 조인했다.

그리고 그해 12월 14일 재일본조선인총연합회(조총련) 측 재일교포 제1진을 실은 소련 선박 클리리온호와 토보르스크호가 경찰의 삼엄한 경계 속에 일본의 니가타 항을 출항, 청진항으로 향했다. 만일의 사태에 대비해 일본 정부는 1,800여명의 경찰을 부두에 배치하고, 10여 척의 함정을 동원해 근해를 감시했다.

한편 우리나라에서는 재일동포의 북송을 결정한 일본 정부를 규탄하는 시위가 대대적으로 벌어졌다. 시위 참가자들은 재일동포의 북송은 일본 조총련의 계략이며 일본 정부는 응분의 책임을 져야 한다고 주장했다.

이후 1967년 북한과 일본 사이에 협정 연장 회담이 결렬될 때까지 일본인 6,600명을 포함해 모두 8만 8,000여 명이 북송선을 탔다. 자유세계에서 공산세계로의 유일한 집단 이주 사례였다. 60만 명의 재일동

포 중 98%가 남한 출신이었지만 대부분이 남한이 아닌 북한행을 택했
다. 남한 정부는 재일 교포들을 받아 주지 않은 반면에 체제 경쟁을 벌
이던 북한은 조총련을 통해 지상낙원이라고 선전한 것도 한 이유였다.

이어 1984년까지 일본인 처 1,830여 명을 포함, 9만 3,000여 명이 북
한으로 보내졌다. 직업별로는 공사장 인부, 일일 근로자, 상공업 종사
자, 학생 등이 많았다.

이처럼 많은 재일교포들이 북송을 선택한 근본적인 이유는 일본에서
겪은 '차별과 가난' 때문이었다. 1950년대 중반 이후 극심한 불황에 시
달린 일본은 1955년부터 1년여 간 재일교포 6만여 명의 생활보호급여
를 삭감하거나 아예 지급을 취소했다. 일본 정부의 냉대는 불황기 재일
교포의 생활을 극도로 피폐하게 만들었다.

북송된 이들 중에서 일부 돈 많은 2세는 북한에서 '놀새'로 불리며
체제에 구애받지 않는 자유분방한 생활을 즐겼다. 하지만 대부분은 일
본의 친지들에게 편지로 생필품 부족을 호소하였고, 동요 계층 또는 적
대 계층으로 분류돼 결혼, 전직, 거주지 등 생활 전반에 걸쳐 엄격한 감
시를 받았다.

이후 북송선 '만경봉호'는 재일동포 북송의 대명사가 되었다.

—

1636년 12월 14일

조선의 인조, 남한산성으로 피난

—

청나라 태종이 10만 대군을 이끌고 조선에 쳐들어오자 인조가 소현
세자와 백관을 거느리고 남한산성으로 피난하였다. 1636년 12월 14일

의 일이었다.

앞서 1636년 4월 후금의 태종은 스스로를 황제라 칭하고 국호를 청이라 고친 뒤 조선에게 군신 관계를 요구하였다. 하지만 조선은 계속해서 강경한 자세를 보였다. 이에 태종은 조선을 침략하기로 결정한 것이었다.

인조는 강화로 피난하려 하였으나 청나라 군에 의해 이미 길이 막혔기 때문에 남한산성으로 가게 되었다. 그리고 훈련대장 신경진 등에게 성을 굳게 지키도록 명하고 명나라에 급히 사신을 보내어 지원을 청하였다. 하지만 12월 16일 청나라 선봉군이 남한산성을 포위하였고, 1637년 1월 1일에는 청 태종이 남한산성 아래 탄천에 20만 명의 청나라 군을 집결시키고 성을 완전히 포위하였다.

성내에는 군사 1만 3,000명이 50일 정도 지탱할 수 있는 식량밖에 없었고, 의병과 명나라 원병조차 기대할 수 없는 상황이었다. 또한 성 밖에서는 청나라 군사들이 무고한 백성들을 죽이고 노략질하기를 일삼았다. 게다가 혹독한 추위까지 오래 계속되자 병들고 얼어 죽는 군사들이 줄을 이었다.

결국 최명길 등 주화파와 김상헌 등 주전파 사이에 논쟁이 거듭되다가, 결국 강화론이 우세하여 성문을 열고 항복하게 되었다.

* 1637년 1월 30일 '삼전도의 굴욕' 참조

1926년 12월 14일

김구, 임시정부 국무령에 선임

1926년 12월 14일, 백범 김구가 이동녕의 천거로 임시정부 국무령에 선임되어 윤기섭, 오영선, 김철 등을 규합해 조각에 성공하였다. 이로써 임시정부의 법통을 이으면서 국무령제로 고치고 윤번 주석제를 채택, 임시정부를 주도하기 시작하였다.

이에 앞서 1919년 4월에 선포된 대한민국 임시정부는 초대 대통령 이승만의 탄핵 면직과 제2대 대통령 박은식의 사임 등으로 혼란을 겪었다. 이상룡과 홍진 등이 개정된 헌법에 의하여 국무령으로 선임되었지만 조각도 못하고 무정부 상태에 빠져 있다가 백범에 의해 법통을 잇게 된 것이다.

이후 1920년대 후반기에 접어들어 임시정부는 경제적으로 매우 형편이 어려워져 활동이 극히 위축되었다.

* 1919년 4월 13일 '대한민국 임시정부 수립을 선포하다' 참조
* 1925년 3월 18일 '박은식, 임시정부 제2대 대통령에 피선' 참조

12월의
모든 역사

12월 15일

1928년 12월 15일

구세군 자선냄비가 우리나라에 처음으로 등장하다

-초기 구세군 자선냄비. 영어로 '끼니를 잇지 못하고 있으니 도와 달라'고 씌어 있다. 전쟁에 협조하지 않는다는 이유로 일제에 의해 강제로 폐쇄 조치된 1943년을 제외하고는 1928년 이후로 매년 12월이 되면 볼 수 있는 풍경이다.

　　매년 12월이 되면 어김없이 이웃 사랑과 나눔의 상징인 구세군 자선 냄비의 종소리가 거리에 울려 퍼진다. 이 소리는 12월 24일 밤까지 이어진다.

　　구세군에서 연중행사로서 실시하는 가두 자선모금 운동인 구세군 자선냄비가 우리나라에 처음으로 등장한 것은 1928년 12월 15일이었다. 당시 한국 구세군 사령관이었던 스웨덴 선교사 조지프 바이 사관이 한성 도심에서 나무막대 지지대에 가마솥을 매달고 종을 울리기 시작한 것이었다. 구세군 운영자금과 불우이웃돕기 기금을 마련하기 위한 목적이었다. 그해 구세군은 명동, 종로, 충정로 등 서울 시내에 20여 개의 자선냄비를 설치해 812원을 모금하였다.

　　구세군 자선냄비는 1894년 미국 샌프란시스코에서 처음으로 등장하였다. 그해 성탄절을 앞두고 샌프란시스코 근교 해안에서 배 한 척이 난파해 1,000여 명의 생존자가 거리에 나앉게 되었다. 그때 갑작스러운 재난을 가슴 아파했던 구세군 사관 조지프 맥피는 이들을 도울 방법을 구상하였다.

　　그러다가 한 구세군 여사관이 냄비를 사용하자는 아이디어를 냈고, 그는 주방용 쇠솥을 사 왔다. 맥피는 쇠솥에 이런 문구를 내걸었다.

'불쌍한 이웃들을 위해 이 솥을 끓게 합시다!'

　　예상외로 시민들의 반응이 뜨거웠고 얼마 지나지 않아 조난당한 사람들에게 따뜻한 식사를 제공할 돈이 모였다. 그리고 그것이 세계 107개국으로 전파되었던 것이다. 이후 붉은 세 다리 냄비걸이와 냄비 모양의 모금통, 제복을 입은 구세군 사관의 손종 소리가 도시 세모歲暮의 풍물 중 하나로 등장했다.

우리나라 자선냄비를 열어 보면 1,000원짜리 지폐부터 돌 반지, 황금 열쇠, 헌혈증서, 상품권, 극장표, 제주도 왕복항공권, 로또 복권 등이 다양하게 들어 있었다. 이런 작은 정성들이 모여 1992년에는 모금액이 5억 원을 넘었고 4년 뒤인 1996년에 처음으로 10억 원이 걷혔다. 2001년에는 20억 원을 돌파했고 2007년에는 30억 원을 모았다. 한편 개인 최고액은 2011년 서울 명동에서 한 60대 남자가 낸 1억 1,000만 원짜리 수표였다.

구세군 자선냄비는 이후 진화를 거듭해 아날로그에서 디지털로 변모하였다. 2004년부터는 교통카드로 기부할 수 있는 디지털 자선냄비가 등장하였고, 기업과 대형 마트 등에서 소규모로 운영할 수 있는 자선냄비도 설치되었다. 또한 고속도로 톨게이트와 ARS, 휴대전화, 신용·교통카드, 인터넷 뱅킹 등으로도 결제할 수 있게 되었다.

2012년 자선냄비 목표액은 50억 원이다.

___

1918년 12월 15일

손병희 등 천도교 인사, 상춘원에서 독립운동 논의

___

동학의 제3대 교주 손병희는 미국 대통령 윌슨이 제창한 민족자결주의에 크게 고무되었다. 이에 1918년 12월 15일, 권동진·오세창·최린 등의 천도교 인사들과 서울 창신동에 위치한 자신의 별장 상춘원常春園에서 독립운동에 대해 논의하였다.

이어 1919년 1월에는 위 세 사람과 함께 독립운동의 3대 원칙을 다음과 같이 정하였다.

첫째, 독립운동을 대중화할 것

둘째, 독립운동을 일원화할 것

셋째, 독립운동을 비폭력으로 할 것

독립선언서는 최남선이 작성하기로 하였으며, 이 선언서에는 천도교의 손병희, 김완규, 권동진, 권병덕, 나용환, 나인협, 양한묵, 이종훈, 이종일, 임례환, 박준승, 오세창, 최린, 홍병기, 홍기조 등 15명을 비롯해 장로교에서 7명, 감리교에서 9명, 불교에서 2명 등 민족대표 33인이 서명하였다.

그리고 독립선언 일자와 장소는 1919년 3월 1일 태화관으로 결정되었다. 이로써 손병희의 주도로 3·1 만세운동이 일어났다.

* 1861년 4월 8일 '동학의 제3대 교주 손병희 출생' 참조

* 1897년 12월 24일 '손병희, 제3대 동학 교주에 취임' 참조

* 1919년 3월 1일 '민족 대표 33인, 독립선언서를 낭독하다' 참조

—

1972년 12월 15일

통일주체국민회의 첫 선거 실시

—

1972년 10월 유신헌법이 제정되었다. 이어 11월 21일에 유신헌법안을 국민투표에 부쳐 이를 확정하였다. 그 결과, 유신헌법 제3장에 근거

를 둔 통일주체국민회의가 탄생하였다.

통일주체국민회의는 조국의 평화적 통일을 촉진하기 위한 국민의 주권 수임 기관임을 표방했다. 하지만 실제로 통일주체국민회의는 유신 독재정권의 산물이었다.

그리고 두 달이 지난 그해 12월 15일, 통일주체국민회의 대의원을 뽑는 첫 선거가 전국적으로 치러졌다. 도시에서는 1개 동에 1인, 농어촌에서는 1개 면에 1인을 선출했으며 임기는 6년이었다. 이 선거에서 대의원 2,359명이 뽑혔다.

통일주체국민회의 대의원들은 통일 정책을 심의하고, 국회가 발의 결정한 헌법 개정안을 최종 의결할 수 있었다. 하지만 가장 큰 목적은 대통령을 뽑는 것이었다. 이에 따라 이들은 12월 23일 8대 대통령 선거에 단독으로 출마한 박정희 후보를 만장일치로 선출하였다.

이후 통일주체국민회의는 1980년 10월 개정된 헌법에 의해 폐지됐다.

1887년 12월 15일

초대 대법원장 가인 김병로 출생

초대 대법원장을 지냈던 가인 김병로가 1887년 12월 15일 전북 순창에서 태어났다. 그의 15대 할아버지는 호남의 대유학자였던 하서 김인후였고, 아버지 김상희는 사간원의 정언을 지냈다.

그는 1919년 변호사가 된 뒤에 광주학생운동, 6·10 만세운동, 원산 파업사건, 단천노조사건 등 관련자들의 무료 변론을 맡았다.

1948년에 초대 대법원장에 취임한 뒤 9년 4개월 동안 우리나라 사법의 틀과 뼈대를 세웠다.

1957년 대법원장직에서 물러난 뒤에는 자유법조단 대표, 민정당 대
표최고위원, 국민의 당 대표최고위원 등을 지냈다. 1964년 1월 76세를
일기로 사망하였다.

12월의
모든 역사

12월 16일

■
∙
■

1987년 12월 16일

남극 킹조지 섬에서 세종 과학 기지 기공식이 열리다

-세종 과학 기지 건설 공사는 남극의 특수한 환경 때문에 국내에서 미리 공정 처리를 끝낸 상태로 운송했으며 대부분의 건축 자재를 조립식으로 설계하였다. 공사 또한 2개월 만에 신속히 마무리했다.

남극이란 좁게는 지축의 남단인 남위 90도 남극점을, 넓게는 그것을 중심으로 하는 인근 지역을 말한다. 남위 66.5도에서 극까지의 지역은 남극권이라고 부른다. 남극은 지구상에서 가장 마지막까지 꼭꼭 숨겨졌던 대륙이다. 실제 아무도 살지 않았다는 점에서 진정한 의미의 '발견'이었다고 할 수 있다.

1774년 영국의 제임스 쿡은 비록 남극점에 도달하지는 못하였지만 남위 71도까지 도달해 최초로 남극권을 돌파하였다. 그 후 여러 탐험가들이 남극의 문을 두드리다가 마침내 1911년 노르웨이의 아문센이 영국의 스콧과 벌인 세기의 대결에서 승리해 처음으로 남극점을 밟았다. 스콧은 아쉽게도 한 달가량 늦었다.

남극 대륙이 발견된 이후 영국을 비롯한 여러 나라들은 서로 이곳에 대한 영유권을 주장하였다. 이러한 가운데 1957년 '국제 지구물리의 해'를 맞아 세계의 많은 과학자들이 남극에 모여 각종 연구를 진행하였다. 그 결과, 중국과 인도를 합친 것만큼이나 넓은 남극에는 지구 담수량의 70%가 존재하고 아울러 석유와 각종 수산·광물자원의 보고인 것이 밝혀졌다.

이에 미국의 아이젠하워 대통령은 남극을 인류 공동의 자산으로 삼자고 제안하였다. 그리하여 1959년 미국과 영국 등 12개국은 워싱턴에서 '남극조약'을 체결하기에 이르렀다. '남극의 평화적인 이용, 과학적 조사와 교류, 영유권 동결, 핵실험 금지' 등이 그 내용의 핵심이었다.

이후 우리나라는 1986년 11월 28일 33번째로 남극조약에 가입하였다. 이미 1978년부터 해양생물 연구를 위해 작은 조사팀을 파견하고 원양어선단을 보내는 등 지속적인 관심을 보여 온 결과였다. 그런데 이 조약의 실질적인 운영권은 최초로 조약을 발의한 12개 원 서명국과 과학기지를 설치하여 실질적 연구 활동을 하는 남극조약 협의당사국에게 있다.

이에 우리나라는 1987년 12월 16일 남쉐틀랜드 군도의 킹조지 섬에서 과학기지를 설립하기 위한 기공식을 거행하였다. 그리고 이듬해 2월 17일에 공사가 끝나 우리나라 최초의 남극 상설과학기지인 '남극 세종 과학 기지'가 설치되었다.

남극에 기지를 설치하여 본격적인 연구 활동에 들어가자 우리나라는 1989년 10월 제9차 남극조약 특별협의회에서 협의당사국으로 지명되었다. 이는 세계에서 23번째였다.

킹조지 섬에 세종기지가 설치된 이후 장순근 대장을 비롯한 13명의 1차 월동대원이 처음으로 연구 활동을 시작했다. 이후 해마다 새로 구성되는 15명가량의 월동연구대가 파견돼 임무를 교대하고 있다.

그런데 2003년 12월, 17차 월동대원 3명이 16차 월동대원들을 고국에 떠나보내고 고무보트를 이용해 기지로 돌아오다 그만 조난을 당하였다. 이에 기지에서는 긴급히 5명의 대원을 구조대로 편성했지만 이들마저 남극해의 높은 파도에 휩쓸려 버렸다. 결국 이 과정에서 지구물리분야 연구원이던 전재규가 끝내 유명을 달리하고 말았다. 정부에서는 이 사고를 계기로 쇄빙선을 도입하기로 결정하였다. 이에 2009년 6월 11일 우리나라 최초의 쇄빙선 아라온호가 첫 걸음을 내디뎠다.

남극 기지에는 거주동·연구동·하계연구동·발전소·식품저장고·장비지원동·지자기관측동·지진파동 등이 세워졌는데, 이후에도 건물의 증축 등 시설이 보강되었다. 남극의 기상과 동식물 분포, 자원의 탐사, 생태계 조사, 지도 제작, 인체생리 및 의학 등에 대한 여러 연구가 이곳의 주요 임무이다.

그런데 이곳은 남위 62도 13분, 서경 58도 47분에 위치한 남극권의 주변부이다. 이 때문에 남극점에서 멀어 오로라나 지구자기학, 빙하학 등 진정한 남극 연구의 수행은 그동안 불가능했다. 또 20년 가까운 세월이 흐르다 보니 연구 시설도 자연히 낡아 버렸다.

이에 정부는 2014년까지 제2의 남극기지, '장보고 과학 기지'를 건설할 예정이다. 이렇게 되면 기존의 세종기지는 극지의 생물과 자원 연구에 집중하고 새 기지에서는 지구자기와 천문학 등에 열중하게 된다.

2012년 현재 남극에는 18개국 44개의 상주기지가 설치되어 있다. 미국 등 9개국이 두 곳 이상의 기지를 운영하고 있다.

* 1988년 2월 17일 '세종 과학 기지 준공' 참조

━

1168년 12월 16일

고려의 대문장가 백운 이규보가 태어나다

━

王知慕漱妃 仍以別宮置 왕이 해모수의 왕비인 것을 알고 이에 별궁에 두었다.

懷日生先蒙 是歲歲在癸 해를 품고 주몽을 낳으니 이 해가 계해년이었다.

骨表諒最奇 啼聲亦甚偉 골상이 참으로 기이하고 우는 소리가 또한 심히 컸다.

初生卵如升 觀者皆驚悸 처음에 되만한 알을 낳으니 보는 사람들이 깜짝 놀랐다.

이 글은 저 유명한 「동명왕편」에 나오는 내용으로, 고구려를 건국한 동명왕의 신비한 발자취를 그린 영웅 서사시이다. 전부 4,000자에 달하는 장편으로 국문학사에 독보적인 위치를 차지하고 있는데, 고려의 대문장가 이규보의 작품이다.

동방의 으뜸가는 문호로 추앙받는 이규보는 1168년 12월 16일 호부 낭중 이윤수의 아들로 지금의 여주에서 태어났다. 무신의 난이 일어나기 2년 전이었다.

천부적으로 영특하기 짝이 없었던 그는 9세 때부터 이미 시를 짓기 시작해 주위에 신동이라는 소문이 퍼졌다. 11세 때에는 중앙의 관리로 있던 숙부가 그를 관청으로 불러 '지紙'자를 주며 시를 짓게 하였다. 이규보는 거침없이 붓을 내갈겨 다음과 같이 썼다.

紙路長行毛學士 종이 위의 먼 길엔 모학사(붓)가 지나가고
盃心常在麴先生 술잔의 마음은 항시 국선생(술)에게 있구나.

어린 이규보의 이 같은 글에 주위에 있던 관리들이 입을 모아 감탄하였다.

중국의 고전들을 두루 읽던 이규보는 14세에 최고의 명문 사학인 문헌공도에 들어가 성명재에서 수학했다. 당시의 수재들이 모이던 이곳에서도 그는 남들보다 시를 빨리 짓는 것으로 유명했다. 그러나 16세에 처음 사마시에 응시한 이후 이규보는 세 차례나 연거푸 낙방이라는 쓴 잔을 마셔야 했다. 술을 좋아해 풍월을 일삼느라 과거의 문장을 익히지 않아 그리된 것이다.

그가 서른 살이나 위인 오세재를 따라 죽림고회에 참석해 이른바 '해

좌칠현海左七賢'과 교유하기 시작한 것이 이 무렵의 일이다. 해좌칠현이
란 오세제·이인로·임춘 등 무신의 난 이후 자연을 벗하며 청담을 즐
긴 7인을 죽림칠현에 빗대어 부른 것이다.

드디어 1189년 네 번째 도전 만에 사마시에 수석으로 합격하고 이듬
해 예부시에서 동진사로 급제하였다. 이규보의 원래 이름은 인저였는
데, 과거를 보기 전 꿈에 문필의 운을 담당하는 '규성'이 나타났으므로
그 후 '규보奎寶'로 고쳤다.

그런데 과거에 급제하고도 이규보는 10년간 관직을 받지 못하였다.
24세 때 아버지까지 사망하자 충격을 받은 그는 개경 천마산에 들어가
스스로 백운거사라 칭하며 세상을 잊고자 했다. 하지만 26세에 다시 밖
으로 나와 걸작 「동명왕편」 등을 지어 그의 문장을 자랑했다.

과거에 급제하고도 보직을 못 받는 것이 몹시 불편했는지 이규보는
조영인과 최선 등 최충헌 정권의 핵심들에게 지방관이라도 보내달라는
청탁을 하였다. 그의 관직에 대한 이런 열망은 1199년 최충헌이 초청
한 시회에서 그를 국가의 대공로자로 칭송하면서 이루어졌다. 이로 인
해 처음으로 전주목의 서기에 임명되었다.

하지만 봉록도 적고 일도 번거로운 데다 동료의 비방으로 1년 4개월
만에 물러났다. 1202년에는 경주와 청도 일대의 농민 반란을 진압하는
데 자원하여 각종 격문 등을 지었으나 그에겐 아무런 포상도 주어지지
않았다.

1207년 최충헌은 집 옆에 '모정茅亭'이라는 정자를 짓고 당시 쟁쟁한
시인들을 불러 글을 짓게 했다. 이 때 이규보는 '모정기'를 지어 최충헌
을 위력과 존경의 지도자로 찬양해 최충헌의 마음을 빼앗아 직한림에
올랐다. 권력에 대한 아부가 가져다 준 꿀물이었다.

이후 이규보는 종종 최충헌에게 불려가 시를 지었고 그의 벼슬길은 순탄했다. 가끔 모함을 받아 정직도 되고 유배도 당하였지만 곧 복직되곤 하였다. 최충헌이 죽고 아들 최우가 그 뒤를 잇자 이규보는 최충헌에게 했듯 그를 칭송하고 그의 정책에 적극 협조하였다.

이규보의 문장은 실로 뛰어나 몽골이 고려를 침략했을 때 그가 보낸 글에 몽고 황제가 감동해 군사를 철수시켰을 정도였다. 그 후에도 몽골에 대한 국서를 도맡아 그는 외교적으로도 중요한 역할을 담당했다. 이러한 실력을 바탕으로 그는 수차례에 걸쳐 과거를 주관하며 인재들을 발탁했다. 재상직까지 오른 이규보는 1237년 연로함을 핑계로 정치에서 은퇴하였다. 그리고 1241년 끝내 병마를 이기지 못하고 사망하였다.

이규보는 『동문선』에 가장 많은 작품이 실려 있는 것에서 보듯 우리 문학사에 걸출한 스타였다. 하지만 후세의 사가들로부터 권력에 아부한 '최씨 문객' 혹은 '크롬웰에 대한 밀턴'이라는 혹평을 면할 수는 없었다.

1568년 12월 16일

퇴계 이황, 『성학십도』를 올리다

조선 중기의 유학자 퇴계 이황이 선조 즉위 원년(1568) 12월 16일에 『성학십도聖學十圖』라는 상소문을 올렸다. 『성학십도』는 17세의 나이로 왕위에 오른 선조가 성군이 되기를 바라는 뜻에서, 군왕의 도道에 관한 학문의 요점을 도식으로 설명한 한 권의 책이다. 여기에서 성학이란 유학을 가리키며, 모든 사람으로 하여금 성인이 되도록 하기 위한 학문이

내재되어 있다는 뜻이다.

 이 책은 서론의 내용이 담긴 '진성학십도차'에서 시작해 10개의 도표를 수록하고 있는데, 송에서 원대 이래 정주학파의 저술 속에서 7개의 도표와 해설을 선택하여 수록하고, 나머지 3개는 이황 자신이 작성하였다.

 '진성학십도차'에서 이황은 『성학십도』를 올리는 진의를 밝히면서, 왕 한 사람의 마음의 징조가 매우 중요하다는 것을 강조했다. 마음가짐을 조심하고 두려워하며 삼가는 경敬의 내면화를 중요시한 것이다. 그리고 이황 자신이 첨가한 2개의 도표에서 그는 사단칠정四端七情과 이기理氣의 내용을 설명하였다.

 예순여덟 살의 퇴계는 이 책을 왕에게 바치면서, '내가 나라에 보답함은 이 도圖에 그칠 뿐이다'라고 하였다. 그만큼 『성학십도』는 퇴계가 만년에 성취한 원숙한 학문적 안목의 결실로서 성학의 방법과 체계를 가장 집약적이고 함축적으로 구성하고 있다.

 『성학십도』는 조선 후기를 통하여 많은 유학자들에 의해 주석되고 논의되었으며, 응용 · 확장되었다.

 * 1501년 11월 25일 '조선의 대학자 퇴계 이황이 태어나다' 참조

1945년 12월 16일

조선문학가동맹 설립

1945년 12월 16일, 임화·김남천 등 좌익 계열의 문인이 중심이 되어 '문학 건설 본부'와 '프로 문맹文盟'을 통합, 조선문학가동맹을 결성하였다. 집행위원장은 홍명희, 부위원장은 이태준·이기영·한설야가 맡았다. 『임꺽정』의 작가 홍명희는 얼마 뒤에 월북하여 북한 정권 수립에 참여한 뒤 부수상을 지내기도 했다.

조선문학가동맹은 설립 후 『우리 문학』(1945), 『문학』(1946), 『신천지』(1946), 『인민』(1946) 등의 잡지를 만들어 민족문학운동을 활발하게 전개하였다.

한편, 1947년 좌익계가 대거 월북하자 우익 문인들은 1947년 2월 전국문학 단체총연합회를 결성하여 우익 문단을 정비하게 되었다.

1994년 12월 16일

국회, 세계무역기구 가입 비준동의안 통과

1994년 12월 16일 밤, 세계무역기구WTO 가입 비준동의안이 국회 본회의에서 통과됐다. 이로써 우리나라는 1995년 1월 1일 출범하는 WTO에 정식 가입함으로써 세계의 새로운 무역 질서에 참여하게 됐다.

이날 국회 본회의는 WTO 비준동의안에 대한 여야의 찬반토론 끝에 기립표결에 부쳐 재석의원 211명 가운데 찬성 152표, 반대 58표, 기권

1표로 이를 가결했다. 본회의는 이어 WTO 협약 이행 특별 법안에 대해서도 찬반토론을 거쳐 기립표결로 이를 통과시켰다.

그러나 본회의를 통과한 WTO 협약 이행 특별 법안에서 WTO 협약과 국내법이 상충할 경우 국내법이 우선한다는 '국내법 우선조항'이 삭제되어 논란을 불러일으켰다.

12월의
모든 역사

12월 17일

1963년 12월 17일

제3공화국이 출범하다

친애하는 애국 동포 여러분! 은인자중하던 군부는 드디어 금조미
명今朝未明을 기해서 일제히 행동을 개시하여 국가의 행정, 입법, 사
법의 3권을 완전히 장악하고 이어 군사혁명위원회를 조직하였습니
다. 군부가 궐기한 것은, 부패하고 무능한 현 정권과 기성 정치인들
에게 더 이상 국가와 민족의 운명을 맡겨둘 수 없다고 단정하고 백
척간두에서 방황하는 조국의 위기를 극복하기 위한 것입니다.

-5·16 쿠데타 당시 군사혁명위원회

1961년 5월 16일 새벽 3시, 박정희 소장의 지휘 아래 해병대·공수단·제23사단 등에서 출동한 쿠데타군은 중앙청·중앙방송국 등 서울의 주요 기관을 점령하였다. 그리고 오전 5시에 방송을 통해 부패하고 무능한 장면 정부를 대신하여 군부가 나서서 국가를 운영하겠다는 6개 항의 「혁명 공약」을 발표하였다

이어 5월 20일에 쿠데타 세력은 '군사혁명위원회'를 '국가재건최고회의'로 개칭하고 혁명 내각을 조직하였다. 실권은 국가재건최고회의 부의장인 박정희 소장과 중앙정보부장으로 임명된 김종필에게 있었다.

국가재건최고회의는 입법, 사법, 행정 3권을 장악한 최고통치기구로 이후 약 2년 7개월간 지속되었다. 그리고 박정희는 '2년 뒤 양심적인 정치인들에게 정권을 이양하고 군에 복귀하겠다'는 혁명 공약 제6조를 번복하고 1963년 10월 3일 대통령 선거에 출마하여 당선되었다. 이어 그해 12월 17일, 제5대 대통령으로 취임함으로써 제3공화국이 출범하였다.

제3공화국은 5·16 군사정변의 이념을 계승·발전시켜 '국민 혁명'으로 승화시키려 하였다. 그리고 경제개발 정책, 특히 공업화 정책 추진에 전력을 기울였다. 이에 따라 산업구조가 상당히 개선되었으며, 기간산업과 중화학공업의 발전이 두드러지고, 수출액이 뚜렷하게 증가하였다.

하지만 경제개발에 필요한 자금을 끌어들이기 위해 일본에게 식민 지배에 대한 어떠한 사과도 받지 못한 채 무상 3억 달러와 차관 2억 달러의 경제 협력 자금을 지원받았다. 이는 우리나라 국민들의 분노를 일으켰고, 정부는 군대를 동원하여 시위를 진압하였다.

결국 학생들과 야당의 '굴욕 외교' 반대에도 불구하고 한일 국교 정상화를 추진하여 1965년 6월 「대한민국과 일본국 간의 기본관계에 관한 조약」, 즉 「한일기본조약」을 정식으로 체결하였다.

이에 앞서 1964년 10월에는 베트남 파병을 결정하고, 베트남을 지원하기 위한 국군부대 파견에 관한 협정을 베트남 정부와 체결하였다. 이는 미국으로부터의 원조와 경제 협력을 보장받기 위한 조치였다. 그리고 그해 의무중대·공병부대·수송부대 등 비전투병력을, 1965년~1966년에는 청룡·맹호·백마부대 등 전투 병력을 파견하였다.

이를 통해 우리나라는 10억 달러에 이르는 외화를 벌어들였으며, 기업의 해외 진출과 수출 증대에 도움을 받았다. 하지만 사망자 5,000여 명과 부상자 1만여 명, 그리고 고엽제 피해자 2만여 명이 발생하는 피해를 입었다.

한편 1970년 7월에는 서울~부산 간 428km의 경부고속도로를 착공하여 2년 5개월 만에 개통시켰으며, 8월 15일에는 남북통일에 관한 새로운 구상으로 '8·15 평화통일 선언'을 발표하였다. 하지만 북한의 강경한 반미 정책으로 군사비 부담은 가중되었다.

1972년 8월에는 '경제안정과 성장에 관한 대통령 긴급명령 15호'를 발동시켰다. 이는 기업이 과도하게 안고 있는 채무의 원리금과 이자 상환 부담을 낮춰 주어 투자를 촉진함으로써 안정적인 경제 성장 기반을 구축하기 위한 것이었다.

결국 제3공화국은 '선성장·후분배'라는 경제정책을 밀어붙여 고도 성장을 이른 시일 내에 이루었지만 국민들의 희생을 강요하여 사회적 불평등과 구조적 모순을 심화시켰다는 평가를 받고 있다.

제3공화국은 박정희가 1972년 10월 17일 '대통령 특별선언' 발표를 통해 10월 유신을 단행함으로써 종언을 고했다.

* 1961년 5월 16일 '5·16 군사 쿠데타가 일어나다' 참조

* 1962년 3월 22일 '윤보선 대통령, 하야 성명을 발표하다' 참조

* 1964년 6월 3일 '6·3 사태가 발생하다' 참조

* 1965년 6월 22일 「한일기본조약」이 정식으로 조인되다' 참조

* 1970년 7월 7일 '경부고속도로가 개통되다' 참조

* 1972년 8월 3일 '박정희 대통령, 8·3 조치를 발동하다' 참조

* 1972년 10월 17일 '박정희 대통령, 10월 유신을 단행하다' 참조

—

2011년 12월 17일

북한 최고의 권력자, 김정일이 사망하다

—

1974년 2월 북한의 김일성 주석은 김정일을 자신의 후계자로 추대하였고, 1980년 10월 6차 당 대회를 통해 군사위원회 위원, 비서국 비서 등으로 선출하면서 후계자로서의 지위를 공식화하였다. 이후 1990년대 초에 사회주의 체제가 몰락하자 국방위원회를 신설하여 아들인 김정일을 국방위원장에 임명했다.

이후 김일성은 1994년 7월 8일 심근경색으로 갑작스레 사망하였다. 이에 김정일 국방위원장은 자연스레 김일성의 후계자로 확정되었다. 이로써 북한 권력의 세습 체제가 완성되었다.

1997년 10월 김정일은 노동당 총비서로 추대되었고, 이듬해인 1998년에는 국방위원회 위원장에 추대됨으로써 공식적으로 김정일 정권이 출범하였다.

김정일은 분단 이후 처음으로 2000년 6월 13일 평양의 순안 공항에서 김대중 대통령과 제1차 정상회담을 진행하여 '6·15 남북 공동선언'

을 발표하기도 하였다. 2007년 10월 2일에는 노무현 대통령과 제2차 남북 정상회담을 개최하였다.

하지만 2008년 뇌졸중이 발병한 뒤에는 건강이상설이 끊임없이 나돌았다. 결국 2011년 12월 17일 현지 지도 방문차 탑승한 열차에서 사망하였다. 조선중앙방송은 이틀 뒤인 12월 19일 과로로 인한 중증급성 심근경색과 심장쇼크로 사망하였다고 공식 발표하였다.

시신은 아버지 김일성의 시신이 안치된 금수산기념궁전에 함께 안치되었고, 노동당은 김정일을 '영원한 당 총비서'로 추대하였다. 그리고 이듬해 4월 평양에서 제4차 당 대표자회를 열어 아들 김정은을 후계자로 인정해 노동당 제1비서로 추대하였다.

2012년 현재 김정은이 원수의 칭호를 받아 북한 최고 지도자로서 활동하고 있다.

* 1942년 2월 16일 '김정일 출생' 참조
* 1997년 10월 8일 '북한, 김정일을 당 총비서로 공식 추대' 참조
* 2000년 6월 13일 '김대중 대통령, 김정일 국방위원장과 첫 남북 정상회담
  을 가지다' 참조
* 2007년 10월 2일 '제2차 남북 정상회담 개최' 참조

1995년 12월 17일

등반가 허영호, 남극 대륙 최고봉인 매시프 등정

1995년 12월 17일, 등반가 허영호가 남극 대륙 최고봉인 해발 5,140m 높이의 매시프 등정에 성공하였다. 허영호를 대장으로 한 '95 한국 빈슨 매시프 원정대'가 빈슨 매시프봉 남쪽 브란스콤 글라시어 베이스캠프를 떠나 강풍과 혹한 속에서 300m 높이의 수직빙벽을 공략하는 데 성공한 것이다. 이로써 허영호는 3대 극점과 7대륙 최고봉 정상을 모두 정복한 세계 최초의 탐험가가 되었다.

허영호는 앞서 1983년 10월에 해발 8,156m의 히말라야 마나슬루봉에 올랐다. 세계 최초의 무산소 단독 등반이었다. 이어 1987년 12월에는 세계 최고봉이자 3대 극점 중 하나인 에베레스트(8,848m) 등정을 시작으로 해서 1995년 9월 유럽 대륙 최고봉 엘부르즈(5,642m)를 차례로 정복하였다.

* 1983년 10월 22일 '산악인 허영호, 마나슬루봉 단독 등정 성공' 참조

1974년 12월 17일

대법원, 육영수 여사 저격범 문세광에 사형 확정

1974년 12월 17일 영부인 육영수 여사를 저격한 재일교포 문세광이 대법원에서 사형 확정 판결을 받았다. 문세광은 앞서 8월 15일 광복절

행사장에서 육영수를 저격하여 사살한 혐의로 체포되었다.

이날 대법원 형사1부는 상고심 판결공판에서 범행을 부인하는 문세광에게 '피고 측의 상고 이유는 인정되지 않는다'고 판시, 사형을 선고한 원심판결을 확정하였다. 이로써 문세광은 범행 125일 만에 사형 확정 판결을 받았다. 그리고 형이 확정된 지 사흘 만인 12월 20일 서울구치소에서 사형 집행이 이루어졌다.

한편 육영수 피살 사건 당시 서울시경 감식계장이었던 이건우는 1989년 양심선언을 통해 육영수를 죽인 사람이 문세광이 아니라고 말해 논란을 일으키기도 하였다.

* 1974년 8월 15일 '육영수 여사가 피살되다' 참조

12월의
모든 역사

12월 18일

■
■
■

1811년 12월 18일

홍경래의 난이 일어나다

평서대원수가 급히 격문을 띄워 알리니라.

무릇 관서 지방은 단군 조선의 단정이었고, 양난을 극복하는 데 큰 공을 세운 인물이 난 자랑스러운 곳이다. 그런데도 정부는 이 땅을 천시하니 어찌 억울하지 않겠는가? 현재의 국왕은 나이가 어려 외척 권신의 농단으로 정치가 어지럽고 인민은 도탄에 빠져 헤어날 길이 없는 것이다.

-홍경래의 격문檄文

'김삿갓'으로 우리에게 더 잘 알려진 김병연은 전국 곳곳을 돌아다니며 당시 세태를 신랄하게 풍자했던 방랑시인이다. 그가 일생을 방랑하게 된 데에는 슬픈 사연이 있다.

20세 때 김병연은 영월에서 열린 백일장에 참가했는데, '정가산의 충절을 지킨 죽음을 논하고 김익순의 죄가 하늘에 뻗쳤음을 규탄하라'는 시제를 받았다. 아무것도 모르는 그는 김익순의 불충에 대해 만 번 죽어도 마땅하다는 글을 지어 장원으로 뽑혔다.

하지만 김익순은 바로 자신의 조부였다. 이 사실을 어머니로부터 알게 된 그는 크게 낙담하여 방랑길에 올랐다. 이처럼 본의는 아니지만 김익순이 손자에게까지 손가락질을 받게 된 것은 '홍경래의 난' 때문이었다.

'홍경래 난'을 주도한 홍경래는 1771년 평안도 용강군에서 태어났다. 본래 그의 집안은 양반 출신이었다고는 하나 이때는 몰락해 평민이나 다름없었다. 홍경래는 아버지의 희망에 따라 외삼촌 유학권의 밑에서 글을 배워 과거에 응시해 보았지만 번번이 떨어졌다.

그는 이것이 서북지방에 대한 조정의 뿌리 깊은 차별 때문이라고 생각했다. 이것이 난을 일으킨 중요한 원인으로 꼽히고 있기도 하다. 하지만 실제 통계를 보면 서북지방 출신의 과거 급제율은 수도권을 제외하면 오히려 타 지역보다 높은 편이었다. 다만 고위관직의 기용에서 서북지역 출신자가 상당한 차별대우를 받은 것은 분명한 사실이다.

과거를 포기한 홍경래는 전국을 유랑하며 풍수를 배우고 술수를 익혔다. 특히 정치적 예언서인 『정감록』에 정통했다. 떠돌이 생활을 계속하던 그는 1800년 박천의 청룡사에서 우군칙과 운명적인 만남을 하였다. 그는 양반 집안의 서자로 알려졌는데, 역시 풍수에 밝아 부잣집에 드나들곤 하였다.

시국에 대해 토론하면서 금방 뜻이 통한 두 사람은 적극적으로 세상을 바꾸기로 하였다. 무장봉기까지 결심한 이들은 이때부터 세상에 불만을 품은 사람과 자금을 끌어들이기 시작했다.

이들은 먼저 아버지의 묘터를 잡아 준다는 당근을 미끼로 가산의 대부호인 이희저를 계획에 끌어들였다. 그는 본디 역노 출신으로 중국과의 무역에서 거액을 벌어 무과에 급제한 인물이었다. 그리고 벼슬길이 막혀 세상을 원망하던 진사 김창시, 지략과 무용을 겸비한 김사용, 곽산 출신의 장사 홍총각 등을 포섭하였다.

이들은 이희저가 살던 다복동을 거사의 근거지로 삼는 한편 운산 촉대봉에 광산을 열어 유랑민들을 대거 거사에 끌어들였다. 또 추도에 염전을 개설해 이곳에서의 수익으로 자금을 조달하기도 했다.

이렇게 10여 년에 걸친 준비 끝에 이들은 1811년 12월 20일에 거병하기로 결정하였다. 하지만 선천부사 김익순에게 정보가 포착되자 18일로 급히 날짜를 당겼다. 스스로 평서대원수라 칭한 홍경래는 병력을 남진군과 북진군으로 나누어 자신이 남진군을 맡고 김사용에게 북진군을 맡겼다. 서북인에 대한 차별 금지와 안동 김씨 세도정권의 타도가 이들이 내건 기치였다.

봉기 열흘 만에 가산, 곽산, 정주, 선천 등 청천강 이북 10개 지역이 반군의 수중에 떨어졌다. 이것은 각지에서 여러 세력들이 적극 호응해 준 결과였다. 김병연의 조부인 선천부사 김익순도 이때 투항하였는데, 나중에 자신의 죄를 덮으려다 발각되어 처형되었다.

속수무책으로 당하던 관군은 전열을 가다듬어 29일부터 본격적으로 반격에 나섰다. 반군은 남군이나 북군 모두 계속 패배의 쓴잔을 들이키며 결국 정주성에 갇혀 포위되었다. 처음에는 광산 노동자들이 주主병 력이 되어 봉기를 일으켰지만 이제 정주성엔 농민군이 대부분이었다. 관군이 반군을 진압하면서 무고한 농민들까지 마구 학살하자 이를 피해 정주성으로 몰려들었던 것이다. 이들은 어차피 죽기 아니면 까무러치기라 매우 사기가 높았다. 이 때문에 일방적으로 우세한 전력을 가진 관군도 고전을 면치 못하였다.

하지만 사방이 고립된 상태에서 버티는 것도 한계가 있었다. 4개월에 걸쳐 공방을 거듭하던 끝에 드디어 1812년 4월 3일, 관군은 성벽 밑으로 땅굴을 파 그곳에 화약을 묻었다. 그리고 4월 19일 새벽 1,700근에 달하는 화약에 불이 붙여졌다. '쾅!' 하는 천지가 진동하는 폭탄 소리와 함께 정주성은 그렇게 무너졌다. 홍경래는 싸움 중에 총탄에 맞아 사망하였다.

너무 서북지방만을 강조하고, 농민을 처음부터 봉기의 주체로 삼지 않은 데다 민중의 가슴에 잠자고 있는 호랑이 혼을 깨울 수 있는 이념이 없었다는 게 실패의 원인으로 꼽히고 있다.

하지만 이어지는 수많은 민중들의 투쟁에 홍경래의 난은 커다란 주춧돌이 되었다.

—

1991년 12월 18일

노태우 대통령, 한국의 핵 부재 선언

—

남북한 쌍방이 북한의 핵무기 개발 문제로 인해 첨예하게 대립하게 되자 노태우 대통령은 1991년 12월 18일 "이 시각 우리나라 어디에도

단 하나의 핵무기도 존재하지 않는다"는 '핵 부재 선언'을 발표하였다. 이로써 북한으로 하여금 미국의 핵무기가 철수되었음을 보장하는 것을 전제로 핵 확산 금지 협정에 서명하게 함에 따라 핵 문제 해결에 진척을 보게 되었다. 이에 앞서 노태우 대통령은 11월 8일 '한반도의 비핵화 평화 구축을 위한 선언'을 통해 3개 항의 비핵화 정책을 천명한 바 있다.

이후 남북한 간에 12월 26일부터 핵 협상이 시작되어 12월 31일 6개 항으로 된 '한(조선)반도의 비핵화에 관한 공동 선언'이 발표되었다. 공동 선언은, 핵무기의 시험·제조·생산·보유·접수·저장·사용 금지, 핵에너지를 오직 평화의 목적에만 이용, 핵 재처리 시설 및 우라늄 농축 시설 보유 금지, 비핵화 검증을 위한 동시 상호 사찰, 핵 통제 공동위원회의 구성·운영, 공동 선언문 본문 교환과 동시 발효 등 6개 항을 내용으로 하고 있다. 이는 1992년 2월 19일 평양에서 개최된 제6차 남북고위급회담에서 남북기본합의서와 함께 공식 발효되었다.

그러나 남한의 팀스피리트 훈련 재개로 1992년 12월 21일에 개최하기로 한 남북 고위급 제9차 회담이 결렬되면서 한반도의 비핵화에 관한 공동 선언은 결국 사문화되고 말았다.

1951년 12월 18일

판문점 휴전회담에서 포로 명단 교환

한국전쟁 휴전회담 본회의가 1951년 7월 10일 개성에서 개최되었다. 그리고 이 회담이 시작된 이래 가장 오랜 시간을 끌어왔던 포로 송환

문제가 타결되면서 그해 12월 18일 포로 명단이 교환되었다.

　하지만 유엔군 측이 제시한 공산군 포로의 숫자는 13만 2,474명인 데 반해 공산군 측이 제시한 유엔군 포로의 숫자는 1만 1,559명뿐이었다. 이에 유엔군 측은 공산군 측이 포로를 숨겨두고 진실을 공개하지 않는 것이라고 공격하였고, 공산군 측도 이를 반박하면서 서로의 주장이 엇갈렸다.

　이후 포로 송환 방법을 놓고도 양측은 치열한 공방을 벌였다. 공산군 측은 송환을 거부하는 포로를 강제적으로라도 전부 송환시키자는 '전원송환'을, 유엔군 측은 포로의 개인 의사를 존중한다는 '자원송환'을 원칙으로 내세우면서 대립한 것이었다.

　결국 1953년 5월 양측은 송환을 거부하는 포로를 중립국 감시 아래 처리하자는 포로 교환 협정에 합의하였다. 이로써 그해 7월 27일에 비로소 휴전이 성립될 수 있었다.

* 1951년 7월 10일 '한국전쟁 휴전회담 본회의, 개성에서 개최' 참조
* 1953년 7월 27일 '한국전쟁이 휴전에 들어가다' 참조

—

1593년 12월 18일

송강 정철 사망

—

　1593년 12월 18일 조선 중기 문신이자 학자, 시인이었던 송강 정철이 울분과 빈한, 지병이 겹쳐 세상을 하직했다. 향년 58세였다.

　1593년 사은사로 명나라에 갔다가 그해 11월에 돌아오자마자 남인

들의 모함을 받고 강화 송정촌으로 물러나 있던 중이었다.

이후 1623년에 김장생이 신원을 청하여 1684년 관직이 내려졌다. 1665년 3월 충북 진천의 지장산에 천장되고 1648년 담양 창평의 송강 서원 별사에 제향되었다.

정철은 개성이 뚜렷하고 강직해서 당쟁의 와중에서 불우한 일생을 살았다. 하지만 「관동별곡」「훈민가」「사미인곡」「속미인곡」「성산별곡」 등 수많은 가사와 단가를 남겼다.

그래서 시조의 대가였던 고산 윤선도와 더불어 우리나라 시가사상 쌍벽을 이루는 인물로 평가받고 있다.

* 1747년 8월 27일 '정철의 『송강가사』가 간행되다' 참조

12월의
모든 역사

12월 19일

■
·
■

2002년 12월 19일

제16대 대통령 선거에서 노무현이 당선되다

"앞으로 저를 지지한 분들만의 대통령이 아니라 반대한 분들까지 포함한 모든 국민들의 대통령으로서, 심부름꾼으로서 노력하겠다."

-노무현 대통령 당선 소감

2002년 12월 19일에 실시된 제16대 대통령 선거에서 예상을 뒤엎고 민주당의 노무현 후보가 당선되었다. 이날 선거에는 아침 6시부터 전국 1만 3,471개 투표소에서 전체 유권자 3,499만 1,529명 가운데 70.8%인 2,476만 141명이 참여하였다.

그리고 이날 오후 6시 30분쯤 시작된 개표에서 초반에는 한나라당의 이회창 후보가 앞서나갔다. 하지만 35% 개표가 끝난 밤 8시 40분부터 노무현 후보가 앞질러 나가기 시작하여 16개 시·도 중 영남권과 강원도를 제외한 10개 시도에서 이회창을 앞섰다. 결국 48.9%인 1,201만 2,945표를 얻어, 46.6%인 1,144만 1,116표를 얻는 데 그친 이회창을 2.3%인 57만 980표 차이로 누르고 승리했다. 당시 고졸 학력에 비주류였던 노무현이 대통령이 된 것은 우리 사회에 큰 충격을 주었다.

노무현은 1946년 경상남도 김해에서 빈농의 아들로 태어났으나 학업 성적이 우수하였다. 집안이 가난하여 부산 상업 고등학교에 진학하였지만, 고교 졸업 후 독학으로 1975년 제17회 사법 시험에 합격하였다. 1977년 대전 지방 법원 판사로 임용되었으나 1년 만에 그만두고 부산에서 '조세 분야'를 전문으로 하는 변호사 사무실을 개업하여 활동하였다. 하지만 1981년 제5공화국 정권의 부림 사건 변론을 맡은 것을 계기로 인권 변호사의 길을 걸으면서 우리나라 민주화 운동에 참여하였다.

노무현은 통일민주당 총재 김영삼과의 인연으로 1988년 13대 총선에 출마하여 국회의원에 당선되었다. 그는 5공 비리 특별 위원회 위원으로 활동하면서 청문회 스타로 주목받았다. 또한 1998년에는 서울 종로구 국회의원 보궐 선거에 출마하여 당선되었다.

하지만 노무현은 '지역주의 타파'라는 명분을 내걸고 2000년 4월에 치러진 16대 총선에서 자신의 지역구인 종로구를 버리고, 부산 북·강서을 지역구에서 새천년민주당 후보로 출마하였다가 결국 낙선하였다. 하지만 이후 네티즌들에 의해 '바보 노무현' '노짱'이라는 별칭으로 불리며 우리나라 최초로 정치인 팬클럽이 결성되는 계기가 되었다.

마침내 그는 정치 입문 14년 만에 2002년 집권 여당의 대선후보 경선에 도전하여 돌풍을 일으켰다. 당초 군소 후보로 분류돼 지지율이 미미하던 그는 당원들과 국민들이 직접 투표하는 국민경선 방식에 힘입어 당시 부동의 1위를 고수하던 이인제를 물리쳤던 것이다.

하지만 대통령 후보로 선출된 이후에는 지방 선거에서 참패하고, 같은 당의 비노非盧 의원들이 집단적으로 신당 창당, 후보 사퇴를 주장하는 등의 어려움을 겪었다. 10월 들어서는 2002년 한일월드컵 성공 개최로 인기가 상승한 국민대표21 정몽준 대표와의 단일화 논의를 권유받았다.

결국 노무현은 정몽준과의 단일화에 합의하고, 자신에게 불리한 여론 조사를 실시하였다. 그 결과, 11월 24일 그는 정몽준을 4% 차이로 제치고 극적으로 승리했다. 하지만 단일화가 된 이후 같은 당의 이인제가 탈당하여 자유민주연합에 입당한 후 이회창 지지 선언을 하는 등 새로운 갈등이 생기기도 하였다. 더군다나 정몽준은 대선 투표 전날인 12월 18일 저녁 10시 민주당과의 선거 공조 파기를 선언하였다.

이런 우여곡절 끝에 결국 노무현은 2002년 12월 19일 대통령 선거에서 당선된 것이었다. 이로 인해 민주당은 김대중에 이어 정권 재창출에 성공했다.

2003년 2월 25일 노무현은 참여 정부를 표방하며 제16대 대통령으로 취임하였다. 그는 재임 기간 동안 사회 전반에 만연한 지역주의와 권위주의를 타파하는 데 힘을 쏟았다. 하지만 재임 1년 만인 2004년 3

월 야당 국회의원 193명의 주도로 현직 대통령에 대한 탄핵소추안이 가결됨에 따라 63일간 '대통령 직무 정지'라는 사상 초유의 사태를 맞기도 하였고, 이라크 파병과 한미 자유무역협정FTA을 추진해 자신의 지지 세력인 진보진영으로부터 비판을 받기도 하였다. 임기 말인 2007년 10월에는 김정일 국방 위원장과 남북 정상 회담을 열고 '남북 관계 발전 및 평화 번영을 위한 선언(10 · 4 선언)'을 발표하여 북한과의 긴장 관계를 해소하였다.

2008년 퇴임 후 고향인 김해 봉하마을로 귀향하여 친환경 농업과 농촌 환경 개선 활동에 전념하였다. 하지만 2009년 '박연차 정관계 로비 사건'으로 측근과 가족에 대한 검찰의 수사가 이어지자 심적 부담감을 이기기 못하고 그해 5월 23일 자택 뒷산 부엉이 바위에서 투신하여 서거하였다.

서거 후 봉하 마을에는 400만 명의 추모객이 다녀갔고 대한문을 비롯한 전국 각지에 분향소가 세워지는 등 추모 열기가 뜨거웠다. 검찰의 편파적 수사에 대한 비난 여론이 높아졌고 한나라당의 지지율은 급락하는 등 노무현의 죽음은 정치적, 사회적으로 큰 파장을 일으켰다.

노무현은 대한민국 16대 대통령으로서 권위주의를 타파하였다는 긍정적 평가와 재벌의 경제력 집중과 빈부격차를 심화시켰다는 부정적 평가를 동시에 받고 있다.

* 2003년 2월 25일 '노무현, 제16대 대통령 취임' 참조

* 2004년 5월 14일 '헌법재판소, 노무현 대통령 탄핵소추안을 기각하다' 참조

* 2009년 5월 23일 '노무현 전 대통령 서거' 참조

1136년 12월 19일

묘청의 난이 끝나다

1135년 1월에 묘청이 서경에서 일으킨 반란이 결국 1년 만인 1136년 12월 19일에 진압되었다.

묘청은 고려 제17대 왕 인종이 15세의 어린 나이에 즉위한 뒤 나라가 어지러워지자 역대 고려 사회의 민심을 지배해 온 도참설에 의거해서 국수주의적 배타주의를 표방했다. 또한 인종을 부추겨 개경의 유교주의 · 사대주의 세력에 대항해서 서경 천도 운동을 추진하였다.

하지만 인종이 서경의 임원역에 신궁인 대화궁을 세우고도 천도를 망설이자 묘청은 술수를 꾸몄다. 떡 속에 끓는 기름을 넣은 뒤 인종이 서경으로 행차할 때 대동강에 던져 넣은 것이었다. 기름이 물 위로 떠올라 영롱한 빛을 발하자 묘청은 이것이 상서로운 기운이라며 다시 서경 천도를 종용했다. 그러나 이것이 묘청의 조작임이 드러나 서경 천도 운동은 좌절을 맞게 되었다.

이에 묘청은 1135년에 서북인들의 지지를 얻어 반기를 들었고, 이를 토벌하고자 김부식이 서경에 파견되었다. 결국 반란군들이 김부식을 비롯한 관군의 기세에 눌려 속속 항복하자 승산이 없다고 판단한 반란군 주모자 조광 등이 묘청과 유참 등의 목을 베어 항복의 뜻을 표시하였다.

그러나 조정에서는 조광 등의 죄를 가볍게 받아들이지 않았으므로 반란은 이후 약 1년 동안 계속되었다. 포위당한 평양성에서는 식량이 부족하여 사기가 극도로 저하된 가운데 1136년 2월 관군이 총공격함으로써 결국 조광 등이 전사하고 반란은 끝이 났다.

묘청의 난은 실패로 끝났지만 그가 주장한 칭제건원론稱帝建元論이나 금국정벌론金國征伐論은 후세에 자주 정신에 입각한 민족적 기상의 표출이라는 평가를 받고 있다.

* 1135년 1월 4일 '묘청, 서경에서 난을 일으키다' 참조

—

1932년 12월 19일

윤봉길, 일본 오사카 형무소에서 순국

—

윤봉길 의사가 오사카 위수형무소에서 사형을 당함으로써 25세를 일기로 순국하였다. 1931년 12월 19일의 일이었다.

그는 앞서 1932년 4월 29일에 상하이 홍커우 공원에서 단신으로 일본 군정 수뇌들에게 폭탄을 투척하는 데 성공하였다. 이로 인해 상하이 일본 거류민단 단장인 가와바타 다사쓰구가 즉사하였고, 상하이 주둔 일본군 총사령관 시라카와 요시노리는 20일 만에 죽었다.

또한 제3함대 사령관 노무라 중장은 한쪽 시력을 잃었고 일본 공사 시게미쓰 마모루는 한쪽 다리를 자르게 되었다. 이밖에도 제9사단장 우에다, 상하이 총영사 무라이, 거류민단 서기장 도모노 등이 크게 다쳤다.

그러나 윤봉길은 현장에서 일본 헌병에게 체포되어 5월 25일 현지 군법재판에서 단심으로 사형을 선고받고, 11월에 일본으로 이송되었다.

* 1932년 4월 29일 '윤봉길, 상하이 홍커우 공원에서 폭탄을 투척하다' 참조

1968년 12월 19일

대학입시 예비고사 첫 실시

1954년에 실시했던 국가연합고사와 1961년 5·16 군사정변 이후 군사정부가 실시한 대학입학자격 국가고사제가 실패로 돌아간 후 다시 국가가 대학입시에 관여하게 되었다. 이것이 바로 대학입시 예비고사이다.

대학입시 예비고사는 1968년 12월 19일 총 응시자 11만 2,436명이 참여한 가운데 처음으로 실시되었다. 이 예비고사에서는 고교 교육 과정의 내용이 출제되었고, 이후 대학별로 국·영·수와 필수, 선택 과목 시험을 치르게 되었다.

외국의 국가고시제도를 본떠 만든 이 제도는 대학의 질적 저하를 방지하고 고교교육을 정상화하며 대학교육에 적합한 인재를 선발한다는 목적을 갖고 있었다. 하지만 국·영·수 중심의 교육이 강조되다 보니 과외가 사회문제로 대두하였다.

결국 1981년부터는 대학입시 제도에 고교 내신성적을 전형요소로 추가하며 졸업정원제를 배경으로 하는 대입학력고사로 바뀌게 되었다.

* 1980년 7월 30일 '국보위, 과열 과외 금지 방안 발표' 참조

12월의
모든 역사

12월 20일

—

처음으로 상평통보를 사용하다

—

-임진왜란 이후 인구가 급증하면서 생산력이 증대되고 교환 경제가 촉진되자 화폐의 유통이 절실해졌다. 그리하여 1633년(인조 11) 김신국과 김육 등의 건의에 따라 처음으로 상평통보를 만들었다.

언어엔 그 시대의 문화가 고스란히 녹아 있게 마련이다. '땡전'이란 말에선 조선후기의 사정을 일부 엿볼 수 있다. 이 말은 대원군이 경복궁 공사에 필요한 경비를 조달하기 위해 발행했던 당백전에서 유래한다.

당백전은 상평통보의 일종으로 기존에 통용되고 있던 상평통보의 백 배에 해당하는 고액 화폐였다. 하지만 물가 상승으로 백성들이 고통만 당하자 '당'이 세게 발음돼 '땅전'이 되었고, 이것은 다시 '땡전'으로 변화했다고 한다. 반면 '전자화폐'라는 말은 오늘날 인터넷 문화를 잘 반영하고 있다. 화폐는 조개나 소금 등에서 시작하여 이렇게 계속 진화되고 있다.

우리나라에서 화폐에 대한 문헌상의 기록과 함께 실제 유물이 나타나기 시작하는 것은 고려시대부터이다. 성종 15년(996)에 철로 만든 주화가 첫 선을 보였으니 그것이 바로 건원중보였다. 이것은 원래 당나라 숙종 때부터 만들어진 주화인데, 고려에서는 동전 뒷면에다 '동국(東國)'이라는 글자를 따로 넣어 우리나라 화폐임을 표시했다. 이른바 '건원중보 배 동국철전'이다. 하지만 쌀과 옷감 등이 널리 거래 수단으로 유통되던 때라 별로 효과를 거두지 못하였다. 1910년경 개성 부근의 고려고분에서 출토되어 처음으로 그 발행 사실이 밝혀졌다.

숙종 때엔 의천의 화폐유통론을 적극 받아들여 해동통보를 비롯한 각종 동전이 만들어졌다. 고려의 지형을 본떠 만든 은병, 소위 '활구'가 유통되기도 했다. 하지만 화폐의 유통이란 정부의 강력한 의지만으로 될 수 있는 문제가 아니었다. 상업과 교역 등이 활발하지 않으면 금방 약발이 떨어질 수밖에 없는 것이다. 조선 전기에도 조선통보를 주조하는 등 여러 차례에 걸쳐 화폐를 유통시키려 하였지만 번번이 실패했다. 아직도 화폐에 대한 인식이 부족하고 상품의 유통이 활성화되지 않았기 때문이다.

그러나 임진왜란 이후 인구가 급증하면서 생산력이 증대되고 교환 경제가 촉진되자 화폐의 유통이 절실해졌다. 그리하여 정부에선 1633년(인조 11) 김신국과 김육 등의 건의에 따라 처음으로 상평통보를 만들었다. 그리고 이듬해인 1634년 12월 20일 민간에 유통을 시켰다. 그 후 반응이 좋지 않아 이내 사용이 중지되었다가 숙종 4년(1678) 영의정 허적의 제의로 상평통보는 다시 그 모습을 드러냈다.

이는 우리 화폐사에 획기적인 사건이었다. 전국적으로 그리고 가장 긴 시간 동안 유통되었기 때문이다. 화폐하면 으레 상평통보를 떠올리게 되는 것도 이 때문이다. 실제로 상평통보는 하천이나 절터 등 곳곳에서 발견되어 그 광범위한 유통을 증명하고 있다.

상평통보는 『조선왕조실록』 등의 관찬 사서나 개인의 문집류 등에서 흔히 '엽전(葉錢)'으로 표현되었다. 이는 상평통보의 모양이 나뭇잎(葉)처럼 생겨서가 아니고 그것을 만드는 형틀, 즉 거푸집이 나뭇가지에 여러 이파리처럼 매달려 있는 모양을 했기 때문이다. 그런데 한국은행만이 화폐를 발행하는 지금과는 달리 당시엔 호조 및 지방관청 등 수많은 곳에서 화폐를 찍어 냈다. 앞면엔 상평통보라는 공통의 이름을 쓰되, 뒷면엔 동전을 만든 곳이 따로 표시되었다. 이에 따라 '호戶'가 적혔으면 호조에서, '충忠'이 적혔으면 충청감영에서 만든 것을 금방 알 수 있는데, 36종이 알려져 있다고 한다.

상평통보를 만드는 데 필요한 주된 재료는 구리였다. 따라서 조정에선 식기·수저·대야·촛대 등 일상생활에 필요한 15종의 용품말고는 구리 사용을 금지시켰다. 동전의 원료가 부족해지면 큰 문제가 생기기 때문이었다. 아울러 구리돈을 녹여 그릇을 만드는 일도 금지시켰다.

　그렇다고 만성적인 구리 부족을 이런 식으로 온전히 해결할 수는 없었다. 할 수 없이 일본에서 상당량의 구리를 수입해 계속 화폐를 주조하는 수밖에 없었다. 대원군 시절 당백전을 만들고자 법주사의 '금동미륵대불'까지 녹여 없앤 것은 당시의 실상을 잘 말해 준다.

　상평통보의 유통은 삶의 편리와 상공업의 발달 등등의 빛도 가져다주었지만 낭비와 사치풍조, 고리대금업 성행 등의 그림자도 짙게 드리웠다. 하지만 이미 조선은 화폐가 없이는 생활이 불가능한 사회로 진입해 있었다.

—

1519년 12월 20일

조광조가 사사되다

—

"오직 한 가지 애석한 것은 조광조가 출세한 것이 너무 일러서 경세치용經世致用의 학문이 아직 크게 이루어지지 않았고 같이 일하는 사람들 중에는 충현忠賢도 많았으나 이름나기를 좋아하는 자도 섞이어서 의논하는 것이 너무 날카롭고 일하는 것도 점진적이지 않았으며 임금의 마음을 바로잡는 것으로 기본을 삼지 않고 겉치레만을 앞세웠으니, 간사한 무리가 이를 갈며 기회를 만들어 틈을 엿보는 줄을 모르고 있다가, 신무문神武門이 밤중에 열려 어진 사람들이 모두 한 그물에 걸리고 말았다. 이때부터 사기士氣가 몹시 상하고 국맥國脈이 끊어지게 되어, 뜻있는 사람들의 한탄이 더욱 심해졌다."

　　　　　　　　　　　　　　　　　　　　　　　　—이이,『율곡전서』「동호문답」

청나라 옹정제雍正帝 때의 일이다. 강서성의 향시에서 사사정이라는 시험관이 '유민소지維民所止'라는 제목으로 시험을 냈다. 그런데 이것이 문제가 되어 사사정은 감옥에 갇혔다가 끝내 사망하였다. 그의 자식들과 일족들도 살해되거나 옥에 갇혔다. 시제 중 '유維'는 '옹雍' 자, '지止'는 '정正' 자의 목을 친 모양이라 옹정제를 참수하려는 의도가 담겨 있다는 죄목이었다.

이렇게 문자 때문에 어처구니없게 목숨을 잃는 일은 조선시대에도 있었다. 조광조가 바로 그인데, 정적들이 꾸민 '주초위왕走肖爲王'이라는 네 글자의 덫에 걸려 비극적으로 삶을 마쳐야 했다.

도학정치로 유명한 정암 조광조는 1482년 사헌부 감찰을 지낸 조원광의 차남으로 한성에서 태어났다. 그는 17세 때 어천찰방으로 부임한 아버지를 따라갔다가 희천에 유배 중인 김굉필을 만나 그 제자가 되었다.

하지만 당시에는 무오사화와 같은 사림에 대한 탄압으로 성리학을 꺼리는 분위기가 역력했다. 이 때문에 성리학에 몰두하는 조광조를 두고 사람들은 '광인狂人'이나 '화태禍胎'라고 수근거리며 멀리하였다. '화태'란 화를 안고 있는 존재라는 뜻이다. 조광조는 주위의 이런 삐딱한 시선에 아랑곳하지 않고 학문에 전념하였다.

드디어 1510년 조광조는 소과인 사마시에 수석으로 합격해 진사가 되고 이어 성균관에 들어가 수학하였다. 마침 중종은 연산군 폭정의 후유증을 걷어내고 훈구세력을 억제하고자 분위기 쇄신을 꾀하고 있었다. 이에 조광조는 1515년 성균관 유생들의 압도적인 추천에 이조판서 안당의 천거로 종6품의 조지서 사지에 임명되었다.

하지만 천거만으로는 사간원·사헌부·홍문관 등 이른바 '삼사三司'의 요직에 나아갈 수가 없었다. 그리하여 조광조는 그해 가을 성균관에서 실시된 알성시에 정식으로 응시해 2등으로 당당히 합격하였다.

　이후 성균관 전적을 시작으로 언관직인 사간원의 정언 등을 거치면서 중종의 두터운 신임을 얻었다. 그는 틈만 나면 중종에게 성리학에 기초하여 정치와 교화를 행해야 한다고 강조했다. 도리와 명분을 추구하여 왕도정치를 실현한다는 이른바 '도학정치道學政治'였다.

　조광조는 조선을 성리학이 지배하는 사회로 재편하고 싶었다. 궁궐이 그 모범을 보이면 효과가 크다는 생각에 그는 기신재와 소격서를 혁파하는 데 앞장섰다. 두 기구가 불교와 도교에 관련되었던 것이다. 결국 혁파는 하였지만 그 과정이 거칠어 중종을 불편하게 했다.

　초고속 승진을 거듭해 1518년 사헌부의 수장인 대사헌에 오른 조광조는 과거제도의 개혁을 주장하였다. 일종의 천거제지만 시험이 섞인 현량과가 그것으로 사림파들을 기용하기 위한 제도적 조치였다. 중종 또한 훈구파를 견제할 세력이 절실했던 터라 조광조의 구상을 지지했다. 이에 대한 반대도 극심했지만 중종의 강력한 의지를 꺾지는 못했다.

　이로 인해 김식 · 박훈 · 김정 · 김구 등 새로운 인재들이 조정에 발탁되었다. 이쯤 되자 훈구파들은 위기의식에 사로잡히지 않을 수 없었다. 하지만 조광조가 준비한 진짜 폭탄은 '위훈삭제僞勳削除'였다.

　연산군을 몰아내고 중종이 왕위에 오른 이른바 '중종반정'으로 117명이 공신에 책봉된 적이 있었다. 그런데 내용을 살펴보면 진짜 공신은 소수이고 나머지는 뇌물을 받거나 마구잡이 추천으로 눈덩이처럼 불어난 숫자였다.

　조광조는 바로 이 가짜 공신들의 서훈을 박탈하라고 주장했다. 그 숫자가 한둘이 아니고 무려 80여 명에 이르렀다. 이에 훈구파들은 경악했다. 이는 정면에서 훈구파에게 칼을 찌른 것이나 다름없었다. 중종은 처음에는 조광조의 주장을 받아들이지 않았으나 사직을 무기로 압박하자 결국 허락하였다.

정치적으로 본다면 이는 사림파의 커다란 승리였다. 하지만 이 기쁨은 나흘 만에 산산조각이 나버렸다. 우선 중종이 조광조에게 짜증과 싫증을 내기 시작했다는 것이 문제였다. 소격서 혁파부터 위훈삭제까지 일련의 사건에서 조광조 등이 중종을 지나치게 윽박지른 것이 원인이었다.

남곤과 심정 등 훈구파들은 이를 놓치지 않고 반격을 개시했다. 대궐 나뭇잎에 과일즙으로 '주초위왕走肖爲王'이라는 글자를 써 벌레가 파먹도록 한 다음 이를 중종에게 바쳤다. 주走와 초肖를 합치면 조趙가 되니 결국 조광조가 왕이 된다는 뜻이었다.

사실 이 무렵 조광조는 엄정한 법집행으로 백성들에게 인기 상종가였다. 그가 거리에 나서면 "우리 상전이 오셨다"며 모두가 꾸벅할 정도였다. 중종에게는 이런 조광조가 권력을 잡으면 제멋대로일 것으로 의심했다. 이럴 즈음 훈구파들이 중종을 만나 조광조 탄핵을 주장하였다.

중종은 이에 밀지를 내려 사림파를 훈구파로 갈아치우고 조광조 일파를 모두 잡아들이게 했다. 조광조는 능주로 귀양을 떠났다가 결국 한 달 뒤 사사되었다. 1519년 12월 20일의 일이었다.

이로써 조광조의 개혁은 수포로 돌아갔으나 그의 도학정치는 이후 조선왕조를 지배하였다.

* 1498년 7월 12일 '무오사화가 일어나다' 참조
* 1506년 11월 6일 '중종반정으로 연산군이 폐위되다' 참조
* 1519년 12월 6일 '기묘사화가 일어나다' 참조

1999년 12월 20일

우리나라 최초의 관측위성 '아리랑 1호' 발사 성공

우리나라는 1994년부터 다목적 실용위성 개발을 위한 프로젝트에 돌입하였다. 이 위성 개발을 위해 한국항공우주연구소를 비롯하여 한국과학기술원KAIST · 한국전자 등 연구소와 대한항공 · 삼성항공 · 현대우주항공 · 대우중공업 등의 국내 기업이 참여했다. 미국의 위성제작회사인 TRW도 공동으로 참여하였다.

우리나라는 이전까지 한국과학기술원KAIST 인공위성연구센터에서 개발한 과학 실험 위성 우리별 1호 · 우리별 2호 · 우리별 3호와 미국 록히드마틴에서 제작한 방송통신 위성인 무궁화 1호 · 무궁화 2호 · 무궁화 3호 등 총 6개의 인공위성을 보유하고 있었다.

그리고 마침내 1999년 12월 20일 우리나라의 7번째 인공위성이자 국내 최초의 실용 관측 위성인 '아리랑 1호'가 미국 캘리포니아 주 반덴버그 공군기지에서 미 오비탈사가 제작한 토러스 로켓에 실려 성공적으로 발사됐다.

중량 470kg의 아리랑 1호는 발사 후 13분 48초 만에 상공 685km의 궤도에 진입하면서 로켓에서 분리되었고, 15분 후 남극의 미 항공우주국과 첫 교신을 가졌다.

주 카메라인 해상도 6.6m의 전자광학탑재체 외에 해양관측용인 저해상도 카메라도 장착되어 있는 아리랑 1호는 음속의 20배가 넘는 속도로 하루에 지구를 열네 바퀴 반 돌았다. 그러면서 동서 15km 폭을 남북 방향으로 관측하고, 동시에 한반도와 그 주변부에 대한 지상 관측, 해양

관측, 우주환경 관측 등의 임무를 수행하였다.

아리랑 1호는 2007년 12월에 임무 수행이 정지되었고, 2008년 2월 20일부로 임무를 공식 종료했다.

아리랑 1호 제작 과정에서 위성 본체의 개발 기술 80%는 한국항공우주연구소에서 만들었다. 이에 따라 우리나라도 차기 인공위성을 독자 개발할 수 있는 능력을 확보하게 되었다.

1942년 12월 20일

노기남, 우리나라 최초로 천주교 주교에 임명

명동성당 보좌 신부의 신분으로 경성교구장에 임명되어 일제강점기의 한국 교회를 이끌었던 노기남(세례명 바오로)이 1942년 12월 20일 교황 피우스 12세에 의해서 주교에 임명되었다. 이로써 노기남은 한국인으로서는 최초의 주교가 되었다.

그는 이후 1962년에 대주교 및 서울교구장이 되어 제2차 바티칸 공의회에 참석하였으며, 같은 해 일제강점기 하에서 프랑스인 성직자를 보호한 공로로 프랑스 정부로부터 최고문화훈장인 레지옹 도뇌르를 수여받기도 했다.

평남 중화군에서 태어나 1930년 10월에 사제 서품을 받은 노기남은 해방 이후 일제에 의해 강제 폐간되었던 『경향잡지』 『가톨릭청년』을 복간한 데 이어 일간신문 「경향신문」을 창간하기도 하였다.

1967년 3월 24일 서울대교구장에서 물러난 뒤에는 1984년 세상을 떠날 때까지 안양 나자로 마을에서 소외된 나환자들과 함께 생활하였다.

저서로는 『나의 회상록』 『당신의 뜻대로』 등을 남겼다.

1550년 12월 20일

황해감사 주세붕, 수양서원 창건

우리나라 최초의 서원인 백운동서원을 세워 사림 자제들의 교육기관
으로 삼았던 주세붕이 명종 5년인 1550년 12월 20일 해주에 수양서원
을 세웠다.

주세붕은 앞서 명종 4년(1549)에 황해도 관찰사가 된 이후 해동공자
라 칭하던 최충의 고향인 해주에 최충사를 짓기에 앞서 수양서원을 세
운 것이다.

주세붕은 서원을 통해 사림을 교육하고 또한 사림의 중심기구로 삼
아 향촌의 풍속을 교화하고자 힘썼다. 이후 각지에 이를 모방한 서원들
이 건립되었다.

* 1550년 2월 11일 '백운동 서원, 처음으로 사액을 받다' 참조

12월의
모든 역사

12월 21일

■
.
■

1431년 12월 21일

조선의 의학자 유효통과 노중례, 『향약채취월령』을 편찬하다

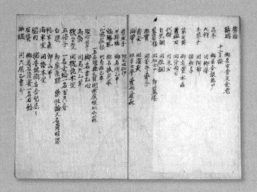

-『향약채취월령』 발문. 한어의 약재명과 함께 그에 해당하는 우리 약재의 향명이 이두로 표기되어 있다. 이두는 훈민정음 창제 직전 까지 사용되었으므로, 『향약채취월령』은 국어의 발달사를 살피는 데에도 중요한 자료가 되고 있다.

"달아 달아 밝은 달아 이태백이 놀던 달아, 정월에 뜨는 저 달은 새 희망을 주는 달, 이월에 뜨는 저 달은 동동주를 먹는 달……." 이는 노래 '달타령'의 일부로 이런 식의 가사가 12월까지 계속된다. 이처럼 어떤 행사나 의미를 달마다 구별해 놓은 노래를 월령가라고 한다.

월령가의 시초는 고려가요 「동동」으로 보고 있으며 「농가월령가」가 크게 유명하다. 그런데 노래는 아니지만 약재와 관련하여 월령체 형식으로 서술된 책이 있다. 유효통과 노중례 등이 편찬한 『향약채취월령』이 그것이다. 여기엔 월별로 우리 약재의 채취 시기와 내용들이 적혀 있다.

지금은 서양의학이 우리 사회를 지배하고 있지만 한의학韓醫學도 나름대로 커다란 기능을 수행하고 있다. 이는 고대부터 발달되어 내려온 우리의 의학을 말한다. 동의학·전통의학·민족의학 등 그 이름도 변화무쌍하다. 북한에서는 고려의학이라 부르는가 하면 서양의학에 대응하여 동양의학이라고 불리기도 한다. 그래서 'korean medicine'이 아닌 'oriental medicine'으로 표기되고 있다.

한의학은 중국에 그 기원을 두고 있는 것으로 보인다. 하지만 많은 세월이 흐르면서 한국과 중국은 점점 자신의 색채를 강하게 드러낸다. 특히 현대 한의학의 기틀은 이미 조선시대에 결정되었다고 해도 지나친 말이 아니다. 특히 광해군 때 허준이 저술한 『동의보감』은 조선시대 의학의 저수지로 불릴 정도로 한의학의 고전으로 남아 있다.

하지만 이는 세종 때의 한의학에 대한 체계적인 정리와 진흥 정책이 있었기에 가능했다. 세종은 의료제도를 개혁하는 한편 의약학 분야에서도 조선의 독자성을 마련하기 위해 심혈을 기울였다. 조선 땅에서 나는 약재와 먹을거리가 조선인의 체질에 가장 잘 맞는다는 생각 때문이었다. 우리가 자주 말하는 '신토불이身土不二'라 할 수 있다. 여기에 중국 의서에 따라 약재를 수입하면 그 비용이 엄청나다는 현실적인 문제도 작용했다.

『향약구급방』이라는 고려시대의 저서에서 보듯 우리 땅의 약재에 대한 관심은 이미 이전부터 있어 왔다. '향약鄕藥'이란 국내에서 나는 약재로서 중국에서 산출되는 약재를 '당약唐藥'이나 '당재唐材'라고 부르는 것에 대응되는 말이다. 세종은 의학으로 백성들을 구제한다는 신념으로 향약의 사용을 적극 권장하였다.

그는 노중례 등을 명나라에 보내 중국산 약재와 우리 약재의 약효를 직접 비교하고 검토하였다. 그래야 이름은 같지만 품종이 다른 것들을 구별할 수 있고 같은 효과를 내는 당약을 향약으로 대체할 수 있기 때문이었다.

1424년 11월, 세종은 각도의 지리지를 편찬하기 위해 관찰사들이 토산품을 조사할 때 약초들의 분포 실태를 세밀히 조사토록 하였다. 또 직접 산과 들에 약재를 심게 하여 성장 과정과 채취의 정도, 약재의 사용 일체도 보고받았다.

이런 자료들을 바탕으로 1431년 12월 21일 의학자 유효통과 노중례 등은 『향약채취월령』을 편찬하였다. 이 책에는 약용식물의 채취에 적합한 달을 비롯해 약의 성질과 효능, 약재 말리는 방법 등이 상세히 기록되어 있다. 그리고 한자로 된 약초 이름 아래에는 그에 해당하는 이두로 된 향명鄕名이 낱낱이 적혀 있다. 이는 실제 약초를 캐는 사람들을 위한 것이었지만 후일 우리 고유어의 연구에도 중요한 자료가 되었다.

하지만 현재 이 책의 원본은 전하지 않고 1722년 일본인이 필사한 것이 일본 국회도서관에 소장되어 있다. 규장각에 보관된 것은 이 책을 다시 베껴 쓴 것이다. 윤회는 『향약채취월령』의 발문을 이렇게 썼다.

우리나라에는 비록 좋은 약재가 많지만 때를 맞추어 채취하지 못해 오용
을 초래하는 경우가 있다. 그러므로 왕명에 의해 토산약재 수백 종에 대하
여 먼저 향명을 쓰고 다음에 맛과 성질, 봄·가을 채취 시기의 빠르고 늦
음, 음지와 양지 말림의 좋고 나쁨을 적은 것이다.

하지만 이 책에 실려 있는 약재의 종류는 윤회의 발문과는 달리 실제
로는 161종이다. 그나마 중복된 것을 제하면 150여 종에 불과하고 약
의 맛이나 성질, 그리고 음지와 양지 말림에 대해 기술된 내용은 거의
없다. 물론 처음부터 그랬을 수도 있겠으나 그보다는 일본의 필사자가
자신들에게 필요한 부분만을 발췌한 것이 그대로 전해져 나타난 현상
이라고 할 수 있다.

세종은 1433년 향약과 한방을 집대성한 『향약집성방』을 편찬케 하
는데, 『향약채취월방』은 이 책 본초부의 중요한 자료가 되었다.

1905년 12월 21일

이토 히로부미, 초대 조선통감으로 임명

1905년 12월 21일, 일본의 이토 히로부미가 조선의 초대 통감으로
임명되었다. 일본이 을사 5조약 제3조에 의거해서 주한 일본공사관을
없애고 외교뿐 아니라 내정까지 간섭하는 통감부를 설치해 통감을 상
주시키게 된 것이다.

이듬해 3월 경성에 도착한 이토 히로부미는 통감으로서 한국 병탄^{倂呑}의 기초 작업을 수행하였다. 이어 소네 아라스케, 데라우치 마사타케까지 세 통감을 거치는 동안 일제는 한국의 외교권을 대행함은 물론, 이른바 '통감정치'를 행하여 내정을 간섭하였다.

1907년 6월에는 헤이그 밀사 사건을 빌미로 고종황제를 강제로 퇴위시키고 순종을 즉위시켰다. 또 이완용의 친일내각을 위협해서 한일신협약을 체결하고 일본인 차관을 각부에 앉혀 통감의 지휘에 따라 외교와 내정을 집행케 하는 '차관정치'를 시행하였다.

이어 한국 군대를 강제 해산하고 1909년에는 사법권 및 감옥 사무를 빼앗은 뒤 경찰권까지 위임받는 등 통감부 정치가 시행된 5년 동안 대한제국은 완전히 일제의 손아귀로 넘어가게 되었다.

이후 이토 히로부미는 1909년 통감을 사임하고 추밀원 의장이 되었는데, 만주 시찰을 겸하여 러시아 재무대신과 회담차 중국 하얼빈에 도착했다가 안중근에게 총탄을 맞고 죽었다.

* 1906년 3월 2일 '초대 통감 이토 히로부미, 경성 도착' 참조
* 1905년 11월 17일 '을사늑약이 강제로 체결되다' 참조
* 1907년 6월 25일 '을사조약의 불법성을 알리기 위한 고종 밀사 3명, 헤이그 도착' 참조
* 1909년 10월 26일 '안중근, 이토 히로부미를 저격하다' 참조
* 1910년 8월 22일 '한일병합조약이 조인되다' 참조

1961년 12월 21일

「민족일보」 사장 조용수 처형

「민족일보」 사장 조용수가 언론인 사상 최초로 사형에 처해졌다. 1961년 12월 21일의 일이었다.

그는 당시 신문의 창간 자금을 북한에서 들여왔다는 죄목으로 재판을 받았다. 이 재판에서 감사 안신규와 논설위원 송지영은 무기징역형을 선고받고, 재일교포 거류민단 출신인 사장 조용수는 사형을 언도받은 것이다.

제2공화국 당시인 1961년 2월 일간신문으로 창간되었던 「민족일보」가 중립화 통일, 민족자주통일의 추진 등 당시 혁신계가 내세우고 있던 주장을 적극 지지하는 논조를 폈다. 결국 5·16 군사정변이 일어나자 창간 3개월 만인 5월 19일, 「민족일보」는 제92호를 끝으로 강제 폐간당하였다. 그리고 조용수를 비롯한 주요 간부들은 「특수범죄처벌에 관한 특별법」 위반 혐의로 혁명 재판소에 회부되었던 것이다.

그러나 이 사건은 2006년, 군부 세력에 의해 조작된 사건이었음이 확인되었다.

* 1961년 5월 16일 '5·16 군사 쿠데타가 일어나다' 참조

* 1961년 5월 19일 '「민족일보」 폐간' 참조

1968년 12월 21일

경인고속도로 개통

우리나라 최초의 고속도로인 경인고속도로가 1967년 3월 24일 착공하여 1968년 12월 21일 준공되었다. 서울에서 인천 가좌동까지 총연장 29.5km, 노폭 20.4m, 설계속도 80~120km/h인 이 고속도로 건설에는 연인원 87만 6,000명이 동원되었으며, 총 공사비는 33억 8,000만 원이 소요되었다.

경인고속도로의 개통으로 서울~인천 간 1시간 거리가 18분대로 단축되었다. 그 결과, 서울과 인천이 하나의 생활권이 되었고, 서울~인천 간 광역도시권이 이루어지게 되었다. 또 고속도로 시대 및 고도성장 시대로 접어드는 계기가 마련되기도 하였다. 2001년 8월 25일에는 노선 체계가 바뀌면서 제120호선으로 이름이 변경되었다.

한편 인천과 서울 간의 교통량이 증가함에 따라 1996년에 제2경인고속도로가 개통되었으며, 2010년에는 제3경인고속도로가 개통되었다. 이에 따라 1968년에 개통된 경인고속도로는 제1경인고속도로로 불리기도 한다.

12월의
모든 역사

12월 22일

■
■
■

1993년 12월 22일

부여 능산리고분에서 1400년 전의
'백제금동대향로'를 공개하다

-백제금동대향로. 백제의 화려한 문화를 보여 주는 향로로, 뚜껑 위 의 봉황을 비롯해 각종 인물·동물·산의 무늬가 새겨져 있으며 다리는 용의 형상으로 처리했다.

신이 빚은 세계적 명산으로 찬사를 받고 있는 금강산은 계절의 변화에 따라 다양한 모습을 보여 준다. 이에 계절마다 산의 이름도 달라져 봄에는 금강산, 여름에는 봉래산, 가을에는 풍악산, 겨울에는 개골산으로 불린다.

그런데 여름철에 붙여진 봉래산에는 다분히 신선사상이 담겨져 있다. 중국에서는 예로부터 이 산을 방장산, 영주산과 함께 삼신산으로 지목해 동방의 유토피아로 동경하였다. 삼신산 이야기는 우리에게도 많은 영향을 미쳐 여러 예술작품에 그 흔적들이 남아 있다. 백제의 걸작품인 백제금동대향로가 그 대표적인 사례이다.

1993년 12월 12일, 겨울의 짧은 해가 서산마루에 서서히 떨어질 무렵 국립부여박물관 조사단은 부여 능산리 고분군 앞 절터에서 세계가 깜짝 놀랄 만한 유물 하나를 발굴했다. 아름답기 그지없는 백제의 향로였다.

금방이라도 하늘을 향해 날아오를 듯한 용과 봉래산의 74개 봉우리, 호랑이 · 사슴 · 원숭이 등 수십 마리에 달하는 짐승들, 3단으로 펼쳐진 연꽃봉오리, 그리고 향로의 꼭대기에서 활짝 날개를 펴고 하늘을 향해 꽁지를 높이 치켜 올린 봉황의 모습은 마치 눈앞에 살아 움직이는 듯 사실적이었다.

하지만 이 천하의 보물은 자칫 세상에 영영 그 모습을 드러내지 못할 뻔했다. 많은 유물들이 우연의 경로를 통해 빛과 만나듯, 이 향로도 사전에 전혀 기대하지 않은 뜻밖의 발견이었기 때문이다.

당시 이 유물이 발견된 곳은 규모가 제법 컸던 절터로 추정되고 있다. 하지만 처음부터 그렇게 생각하고 이곳을 발굴한 것은 아니었다. 능산리고분의 전시관을 찾는 관광객들을 위해 이곳에 주차장을 만들려고 한 것이 그 직접적 계기였다. 공사 전 이곳에 유물의 존재 여부를 확인하는 과정에서 이 향로가 발견된 것이다.

백제금동대향로는 처음 발견할 때 사찰의 공방지 바닥에 있는 나무 물통에서 뚜껑과 몸체가 분리된 상태로 깊은 잠에 빠져 있었다. 연구원들은 예사롭지 않은 유물이 나타나자 함께 발굴 작업을 진행하던 인부들을 모두 집으로 돌려보냈다. 그리고 전등을 밝혀 놓고 야간작업을 진행했다. 그렇지 않으면 밤새 소문이 나서 도굴당할 위험이 있었기 때문이다.

향로란 원래 고대 동양의 인도와 중국 등에서 악취를 없애고 부정을 물리치며 제사를 지낼 때 향을 피우던 도구를 말한다. 중국에선 이미 고대에 만들어진 향로들이 여러 차례 발견된 적이 있다. 특히 한나라 때에 유행한 '박산향로'가 유명하다. 여기서 '박산博山'은 중국의 동쪽 바다에 불로장생의 신선과 동물들이 살고 있다는 삼신산을 상징적으로 표현한 것이다. 그러므로 박산향로란 향로에 박산이라는 이상향을 구현해 놓은 것이 된다. 처음 발굴단이 백제금동대향로를 박산향로라고 나름대로 짐작한 데에는 이런 이유가 있었다.

그러면 왜 백제금동대향로는 공방에 물을 공급하기 위해 만든 큰 물통 속에서 1500년 가까이 묻혀 있게 되었을까? 660년 나당연합군이 부여를 침공해 대대적인 약탈을 시작하자 승려 또는 공방의 장인이 황급히 이곳에 향로를 묻고 훗날을 기약했을 것으로 보고 있다. 하지만 끝내 백제의 멸망으로 향로는 누구도 행방을 모른 채 그렇게 잊혀져 왔다. 따지고 보면 이것이 오히려 향로의 온전한 보전을 가능케 했는지도 모른다. 만약 외부로 노출되어 있었다면 그 뛰어난 아름다움으로 인해 모진 시련을 겪었을 게 분명하기 때문이다.

조사단은 12월 22일 백제금동대향로를 세상에 공개하였는데, 주요 일간지들은 극히 이례적으로 이 내용을 1면 톱기사로 처리했다. 이 보도에 국내 학계가 흥분한 것은 물론이고 중국과 일본에서도 커다란 관심을 보였다. 하지만 지금까지도 향로의 제작 시기나 사상적 배경 등 여러 면에서 아직도 논란이 많다.

이런 가운데 1995년 위덕왕 14년(567)에 만든 것으로 밝혀진 '석조 사리감'이 이곳 절터에서 발견되어 향로의 제작 시기를 추정할 수 있는 좋은 실마리가 되고 있다.

한편 백제금동대향로가 중국의 향로를 뛰어넘어 동아시아 최고의 금속공예품이라는 사실만큼은 누구도 이견이 없는 듯하다.

—

1909년 12월 22일

독립운동가 이재명, 이완용에게 중상을 입히다

—

1909년 12월 22일 오전, 이재명이 을사오적 중 하나인 이완용을 습격하여 중상을 입힘으로써 동포들에게 구국정신을 고취시켜 주었다. 그때 이완용은 서울 종현 천주교회당(현 명동성당)에서 열리고 있는 벨기에 황제 레오폴트 2세의 추도식에 참석 중이었다.

11시 30분경에 식이 끝나고 이완용이 인력거에 올라 교회 오른쪽 언덕길을 막 오르려 하던 찰나 이재명이 인력거 뒤에서 달려와 품속에서 단도를 꺼내고는 순식간에 이완용의 왼쪽 어깨를 내리 찔렀다. 이완용이 인력거 아래로 고꾸라지자 그는 따라 내려가 이번에는 오른쪽 허리를 찔렀다.

이완용은 이내 의식을 잃고 길바닥에 쓰러졌으며, 이를 지켜보던 인력거 차부가 달려들어 제지하려 하자 이재명은 그의 어깨를 찔러 쓰러뜨리고는 다시 이완용에게 달려들어 오른쪽 신장 부분을 난자하였다. 이재명은 '대한독립 만세!'를 외쳤고 때마침 인근에서 호위하던 순사들이 달려들어 체포하려 하자 칼을 휘두르며 대항하였으나 붙잡히고 말았다. 그의 나이 23세였다. 이재명은 이 의거로 결국 이듬해 9월 처형되었다.

복부와 어깨에 중상을 입은 이완용은 겨우 살아나 이듬해 8월 총리대신으로 정부의 전권위원이 되어 일본과 을사늑약을 체결했다.

* 1907년 5월 22일 '이완용 내각 성립' 참조
* 1907년 7월 24일 '이완용, 이토 히로부미와 한일신협약에 조인하다' 참조
* 1910년 9월 13일 '독립운동가 이재명 사형 집행' 참조
* 1926년 2월 11일 '매국노 이완용 사망' 참조

—

1902년 12월 22일

첫 하와이 이민자 104명 출발

—

1902년 12월 22일 제물포항에서 하와이로 이민을 가는 남자 56명(통역관 2명 포함), 여자 21명, 아이들 27명 등 모두 104명을 태운 증기선 갤릭Gaelic호가 출발했다. 이로써 우리나라 역사상 첫 해외 이민이 시작되었다. 이 배는 일본 나가사키 항을 거쳐 3주가 지난 후 하와이 오아후 섬 호놀룰루에 도착하였다.

하와이로 이주한 한인들은 사탕수수 농장에서 불볕더위와 장시간 노동, 저임금(1일 10시간 노동에 68센트)의 악조건을 견디고 이주에 성공하였다.

이후 16척의 선편으로 1,133명이, 1904년에는 3,434명이 하와이로 이민을 갔다. 1905년에도 2,659명이 떠나 총 7,266명이 이주하게 되었다.

그러나 을사늑약을 통해 강제로 외교권을 빼앗은 일본이 한국 정부에 이민 중지 압력을 행사하면서 하와이 이민은 중단되었다.

1989년 12월 22일

북경아시안게임 단일팀 구성을 위한 제6차 남북체육회담 개최

1989년 12월 22일 판문점에서 북경아시안게임 단일팀 구성을 위한 제6차 회담이 열렸다. 그리고 이날 단일팀 구성을 위한 10개 항에 합의했다. 호칭은 영어로는 Korea, 우리말로는 코리아로 부르기로 하였고, 단기는 흰색 바탕에 하늘색 지도, 단가는 1920년대 아리랑으로 정하였다.

앞서 1988년 12월 21일 북한의 올림픽위원회 위원장 김유순의 제안에 따라 '90 북경 아시안게임 단일팀 참가를 위한 체육회담이 1989년 3월 9일에 1차로 열렸으며, 이후 1990년 2월 7일까지 모두 9차례 걸쳐 진행되었다.

그러나 10개 항의 합의서를 만든 이후 양측의 이견이 더 이상 좁혀지지 않아 북경아시안게임 단일팀 참가는 무산되었다.

12월의
모든 역사

12월 23일

▪
▪
▪

1951년 12월 23일

자유당이 창당되다

이 정당의 대지_{大旨}는,

일. 각각 개인의 이해득실을 떠나 정의와 공익을 위해서 신의로 뭉친 단결을 목적하고 정당의 규례를 복종하기를 맹서하는 사람을 당원으로 하고,

(중략)

삼. 정당을 대부분 노동자와 농민들과 기타 근로 대중으로 구성하되, 실로 민국의 주인이 되는 대다수 국민의 권위와 공익을 보호해서 민주제도의 보장이 되어 혹 권력을 잡아서 전제주의를 사용하거나 압제적 구습을 행하려는 자의 수중에 정부가 들어가지 않을 것을 보장하고,

(중략)

오. 정당의 명칭은 정하는 대로 곧 발표할 것이며,

육. 정당은 인도와 정의를 주장하며 다른 정당들과 대립이 되어서라도 남의 위신을 타락시키거나 남의 명예를 손실시킬 언동을 되도록 피해서 덕의로 포섭할 태도를 취할 것이며, 다른 정당의 잘못을 적발해서 시비를 하여 악감을 사는 등 언사는 극히 피할 것이며, 오직 자기 정당의 잘하는 일과 새로운 목적을 발전시키어 민중의 지지를 받도록 할 것

-이승만, 「신당 조직에 관하여」

1950년 5월 30일, 제2대 국회의원선거가 실시됐다. 91.1%의 높은 투표율을 보인 가운데, 무소속과 야당인 민주국민당이 각각 126석과 24석을 차지하였고, 여당인 대한국민당은 24석을 차지하는 데 그쳤다. 이는 1952년 8월에 간접 선거 방식으로 치러질 제2대 대통령 선거에서의 여당 패배를 뜻하는 것이었다.

이에 한국전쟁 발발로 임시수도 부산에 머물고 있던 이승만 대통령은 1951년 8월 15일 광복절 기념 식사에서 신당의 조직 시기가 임박했음을 표명하고, 8월 25일에는 「신당 조직에 관하여」라는 담화문을 발표하였다. 내용상으로는 '새로운 정당의 이념으로 일민주의를 재강조하면서 노동자 농민 중심으로 구성하도록 한다'고 하였지만 실제로는 이승만 자신의 장기 집권을 위한 1인 정당을 만드는 것에 지나지 않았다.

이후 이승만은 주 중국 대사 출신의 이범석을 만나 정치 안정을 구실로 내세우며 신당 조직에 대한 전권을 일임하였다. 이에 이범석은 이승만의 지지기반이었던 원내 공화민정회 소속 의원들과 국민회, 대한청년단, 대한노동조합총연맹, 농민조합연맹, 대한부인회 등 5개 사회단체 대표자들을 모아 신당 발기 준비협의회를 구성하였다.

그리고 그해 12월 23일 자유당을 창당하였다. 하지만 자유당은 개헌을 둘러싼 의견 차이로 갈등이 깊어져 원내와 원외로 갈라져 있던 상태였다. 그래서 원내 자유당은 국회의사당에서, 원외 자유당은 동아극장에서 각각 창당대회를 가졌다. 출발점이 공당이라기보다는 대통령 이승만의 장기 집권을 위한 1인 정당이었기에 놀랄 만한 일도 아니었다.

이후 이범석이 주도하는 원외 자유당이 주도권을 잡은 가운데, 자유당은 발췌개헌안을 통해 대통령 직선제 개헌을 통과시키고, 폭력 조직을 동원하여 국회의 해산을 요구하는 '부산 정치 파동'을 일으키는 등

전횡을 일삼았다. 또한 이승만의 종신집권을 위하여 사사오입四捨五入이라는 기묘한 논리를 적용시켜 정족수 미달의 헌법개정안을 불법적으로 통과시키기도 하였다.

한편 자유당 창당으로 장기 집권을 위한 교두보를 확보한 이승만은 이범석이 이끄는 조선민족청년단에 위협을 느끼고 1952년 8월 정·부통령 선거에서 부통령 후보로 함태영을 지명하여 이범석을 축출하였다. 이로써 자유당은 이승만의 권위주의적 정당 체계로 변하였다.

결국 자유당은 1960년 3·15 부정 선거로 인해 4·19 혁명이 일어나면서 붕괴되었다. 하지만 자유당 의원들은 그 후 5·16 군사정변 이후 쿠데타 주도 세력 중심으로 결성한 민주공화당에 입당하여 정계에 다시 진출하였다. 일부는 장택상을 당 총재로 선출하고 야당으로 존재하였다.

이후 장택상이 탈당하면서 겨우 명맥을 유지하다가 1970년 신민당에 흡수되어 해체되었다.

* 1952년 5월 25일 '부산 정치 파동 발생' 참조
* 1954년 11월 29일 '국회, 개헌안 부결을 번복하고 사사오입 통과 선언' 참조
* 1958년 11월 18일 '자유당, 「국가보안법」 개정안 국회 제출' 참조
* 1958년 12월 24일 「국가보안법」 파동이 일어나다' 참조
* 1960년 3월 15일 '3·15 부정 선거가 일어나다' 참조

1941년 12월 23일

『무진기행』의 저자 김승옥이 태어나다

"김승옥이 「무진기행」을 써서 친구들에게 읽어 주었는데 워낙 새로워서 신파 같다고 놀렸다. 그 작품을 출판사에 보낼 때도 편집자 마음에 안 들면 버리라는 편지를 동봉했으나 결과적으로 문학사에 남는 작품이 됐다."

-김치수, 문학평론가

　　전남 순천만의 대대포구는 안개와 갈대의 환상적인 어우러짐으로 전국에 유명하다. 늦가을 동이 틀 무렵 드넓은 갈대밭 위로 피어오르는 물안개는 국보급 장관이라고 한다. 갈대밭에 숨어 우는 바람소리도 여행객들의 마음을 마구 흔들어 놓는다. 김승옥은 고향인 이곳을 자신이 쓴 소설의 무대로 등장시켜 더욱 그 명성을 높였다.

　　안개를 '밤사이에 진주해 온 적군'으로 묘사한 「무진기행」이 그것인데, '무진'은 지도상에 없지만 바로 순천만을 그 배경으로 한 것이다.

　　1960년대 우리 문단의 빛나는 별이었던 김승옥은 1941년 12월 23일 일본 오사카에서 김기선의 장남으로 태어났다. 1945년 귀국 후 순천에 정착하였으나 1948년에 일어난 '여순 사건'으로 아버지를 여의고 말았다.

　　1960년 순천고를 졸업한 김승옥은 서울대 불문과에 들어갔다. 바로 그해 이승만 독재에 맞서 '4·19 혁명'이 일어났다. 김승옥도 적극 시위에 가담하여 자유와 민주를 부르짖었다.

　　혁명의 뜨거운 열기가 서서히 식어가던 9월에 김승옥은 새로 창간된 「서울경제신문」에 4단 만평 '파고다 영감'을 그리는 시사만화가로 등장했다.

김승옥의 만평 연재는 1961년 2월 14일까지 계속되었다. 시기상으로 4·19 이후부터 5·16 직전까지의 혼란했던 우리 사회에 비판의 칼날을 들이댔던 것이다. 그는 이 무렵 이청준·김광규·김현·김지하·하길종·염무웅 등 훗날 이름만 들어도 쟁쟁한 많은 사람들과 어울렸다.

1962년에 단편소설 「생명연습」이 「한국일보」 신춘문예에 당선되어 문단에 나왔다. 같은 해 6월 김현도 『자유문학』에 평론이 당선되었는데, 이들은 최하림·김치수 등과 함께 동인지 『산문시대』를 만들어 활동했다.

원래 1964년 졸업을 해야 했던 김승옥은 학점이 모자라 학교를 더 다니게 되었다. 거기에다 결혼을 약속한 여자에게 배신당하는 등 우울한 일이 겹쳤다. 결국 학교를 휴학하고 고향에 내려간 그는 어느 날 문득 다음과 같은 생각에 젖었다고 한다.

'왜 사람들은 객지에서 실패하면 고향에 돌아가고 싶어 할까? 귀소본능이
란 인간의 삶을 결정하는 데 뭔가 큰 작용을 하지 않을까?'

또 어떤 사적인 모임에 갔다가 음대를 나온 여선생이 사람들의 주문대로 유행가를 부르는 모습을 보며 서글픔에 잠기기도 하였다.

이런 생각과 경험 위에 김승옥은 이곳에서 한국 문단에 일대 회오리를 일으킨 「무진기행」을 써 『사상계』에 발표했다. 작가 자신은 이 작품이 진부한 멜로 같아서 별로 맘에 들지 않는다고 했지만 문단으로부터는 '감수성의 혁명'이라는 극찬을 받았다. 대중들에게 그의 이름을 널리 알린 계기도 되었다.

소설가 신경숙은 작가 수업을 하면서 「무진기행」을 한 자씩 노트에 옮겼다고 할 만큼 후배 작가들에게 그는 하나의 신화였다. 김승옥이 가장 좋아하는 자신의 작품은 「차나 한잔」이었다. 그는 당시 낮에는 「차나 한잔」을, 밤에는 「무진기행」을 썼다고 한다.

이듬해인 1965년 김승옥은 「서울, 1964년 겨울」이라는 또 다른 명작을 토해 냈다. 이것은 감각적인 문체와 인물·배경의 적절한 배치, 구성의 완결성 등에서 1960년대 문학의 새 지평을 열었다는 찬사를 받았다.

하지만 언젠가부터 그는 문학이 아닌 영화 쪽에 더 자주 모습을 드러내기 시작했다. 직접 메가폰을 잡아 「감자」라는 영화를 감독하는가 하면 「겨울여자」「영자의 전성시대」처럼 히트를 친 영화의 시나리오를 쓰기도 했다. 먹고살기 위해서였다는 것이 이유지만 사실은 김지하가 감옥에 들어가 문학에 대한 의욕을 잃은 이유도 있다.

박정희의 죽음으로 유신체제가 무너지자 그는 1980년 다시 펜을 잡고 「동아일보」에 「먼지의 방」을 연재하기 시작했다. 하지만 그해 전두환을 우두머리로 한 이른바 '신군부'가 광주에서 대학살극을 저지르자 충격을 못 이겨 절필하였다. 이는 한편으로 자신의 글을 검열하는 권력에 대한 항의이기도 했다.

1981년 그는 잠자리에서 직접 하나님의 손을 느끼고 음성을 들은 후 결국 종교인이 되었다. 하지만 평론가 이어령이 설파했듯이 그의 작품은 여전히 우리 현대문학의 고전으로 그 위력을 과시하고 있다.

1937년 12월 23일

일제, 일왕 사진을 각급 학교에 배부

1937년 12월 23일 황국신민화 정책의 일환으로 일제가 일왕의 사진을 각급 학교에 배부하였다. 그리고 모든 행사에 앞서 황국신민의 서사를 제창하도록 하고, 1면 1신사를 설치한 후 신사참배를 강요하였다.

앞서 1937년 7월 중일전쟁이 발발하자 일제는 조선민족말살 정책과 더불어 조선인에게 대일본제국의 신민이 될 것과 더 나아가 일본 천황에 대한 충성을 강요하는 황국신민화정책을 실시하였다.

황국신민화 정책에 따라 일제는 1938년에는 '국체명징國體明徵' '내선일체內鮮一體' '인고단련忍苦鍛鍊'이라는 3대 강령에 의하여 한국 학생의 황국신민화를 꾀했다. 또 조선교육령을 개정하여 학교의 명칭, 교육 내용 등을 일본 학교와 동일하게 만들었다. 학교의 조선어과를 폐지하고 조선어의 사용을 금지하는가 하면, 1939년에는 창씨개명 제도까지 실시하였다.

이러한 정책은 대동아공영권의 헛된 꿈을 안고 세계 침략 전쟁을 일으킨 일본이 조선민족의 저항을 초기부터 철저히 차단하고, 끝까지 전쟁 협력을 강요하려는 의도에서 비롯된 것이었다.

—

1977년 12월 23일

경북 고령에서 가야시대 순장묘 발굴

—

1977년 12월 23일 경북대학교와 계명대학교 박물관에서 경북 고령군에 있는 고분을 발굴하던 중 순장묘를 발굴하였다. 이로써 대가야에 대한 역사 연구가 활발해졌다.

고령 지산동 고분군은 대가야시대에 축조된 왕들의 무덤인데, 특히 제44호 고분 남쪽과 서쪽에 있는 부석실 둘레에서 32개의 순장을 위한 소석곽이 발견되었던 것이다.

이는 우리나라 최초로 확인된 순장묘로서 순장제도를 실증적으로 밝히는 데 귀중한 연구 자료가 되고 있다.

12월의
모든 역사

12월 24일

■
·
■

1958년 12월 24일

「국가보안법」 파동이 일어나다

국가보안법 의결은 하자 있는 행위이므로 당연히 무효이며, 그 결의는 자유당 의원 부총회의 결정은 될지언정 국회의 작정이라고 볼 수 없다. 또한 그 내용은 3·1 정신과 헌법의 보장한 바에 위배되므로 새로운 국가보안법은 아직도 법안에 불과한 것이고 백보를 양보하여 국회 통과로 간주한다 하더라도 불법이요 악법이다. 이에 대하여 주권자로서의 국민은 엄연한 태도를 취해야 할 것이다. (중략) 전 국민이 죄수가 되고 전국이 감옥이 될 때까지 문자 그대로 최후의 1인, 최후의 일각까지 투쟁해야 할 것이다.

-1958년 12월 26일자 「경향신문」 사설

1948년 10월 남한 좌익 세력의 주도로 '여수 · 순천 사건'이 일어났다. 이에 이승만 정부는 남조선노동당을 비롯한 좌익 세력의 제거를 목적으로 그해 12월 1일 「국가보안법」을 제정 공포하였다.

주요 골자는 국헌을 문란케 하여 정부를 참칭하거나 그에 부수하여 국가를 변란할 목적으로 결사 또는 집단을 조직하는 불순분자를 처벌하자는 것이었다. 1949년 12월 19일에 1차 개정이, 1950년 4월 21일에는 2차 개정이 이루어졌다.

이는 이승만 정권에 의해 진보운동을 탄압하기 위한 수단으로 이용되었다. 그래서 「국가보안법」은 반공, 반통일, 반민중적 성격을 띨 수밖에 없었다.

1958년 11월 18일 자유당은 장기집권을 하고자 야당과 언론 탄압을 위한 새로운 「국가보안법」을 제정하려고 전문 3장 40조와 부칙 2조로 된 법안을 국회에 제출하였다. 여당이 추진하는 「국가보안법」에는 다음과 같은 주요 내용이 들어 있었다.

① 보안법 적용 대상의 확대

② 이적 행위 개념의 확대

③ 정부나 국가를 변란에 빠뜨릴 목적으로 구성된 결사 또는 집단의 지령을 받고 그 이익을 위하여 선전 · 선동하는 행위에 대한 처벌 규정의 신설

④ 군인 및 공무원의 선동 행위에 대한 처벌 규정의 신설

⑤ 헌법상 기관의 명예훼손 행위에 대한 처벌 규정의 신설

⑥ 사법경찰관의 조서, 증거 능력 인정 및 구속 기간 연장 가능

⑦ 군 정보기관의 간첩 수사에 대한 법적 근거 마련

결국 간첩 개념을 넓게 정의하여 정부를 비판하는 행위까지도 「국가보안법」 위반으로 처벌할 수 있게 하자는 것이었다. 이는 1960년에 치를 제4대 대통령 선거를 앞두고 여론의 추이가 유리하지 않다고 생각한 자유당 정부의 묘안이었다.

이에 야당에서는 「국가보안법」 저지를 위한 원내외 투쟁을 강경하게 진행하였고, 각 언론사 또한 공동성명서를 통해 「국가보안법」 저지 투쟁에 강력한 지지 의사를 표명했다.

하지만 12월 19일 3시 정각에 자유당 의원 10명은 법제사법위원회에 모여 개회를 선포하고, 이 법안을 무수정 만장일치로 통과시켰다. 이에 대해 민주당 의원들은 이를 무효라고 주장하고 강경하게 대응하였다.

자유당은 12월 24일 경호권을 발동하고 무술경관 300여 명을 동원해 국회의사당 문을 폐쇄시켰다. 그 뒤 자유당 의원들만이 참석한 가운데 「국가보안법」을 통과시켰다. 이것이 「국가보안법」 파동 사건이다. ‘2·4 파동’이라고도 불린다.

새로 제정된 「국가보안법」은 1959년 1월 15일자로 발효되었다.

* 1948년 10월 18일 ‘여수·순천 사건이 일어나다’ 참조
* 1948년 11월 20일 ‘「국가보안법」, 국회 통과’ 참조
* 1958년 11월 18일 ‘자유당, 「국가보안법」 개정안 국회 제출’ 참조

1494년 12월 24일

조선 성종이 세상을 떠나다

달이 휘영청 밝은 밤, 성종은 누각에 올라 바람을 쏘이고 있었다. 어디선가 청아한 글 읽는 소리가 들렸다. 성종은 자신도 모르게 발걸음에 끌려 글 읽는 선비의 방문 앞에 당도하였다. 선비 구종직이 거처하는 방이었다. 느닷없는 상감의 행차에 황송해 하던 구종직은 무릎을 좌정하며 당황하였다.

하지만 성종은 개의치 않고 구종직에게 글 읽기를 계속하도록 하였다. 평생 글을 읽으면서 자신을 다듬어 온 구종직의 글 읽는 소리는 성종을 감동케 하였다.

날이 밝자 성종은 구종직에게 승지를 제수하며 다음과 같이 말하였다.

"무관은 모름지기 활을 잘 쏘는 것이 본분이고 문관은 글을 잘하는 것이 본분이다. 그러하거늘 아무리 재주가 있어도 명문 출신이 아니라는 이유로 벼슬을 못하고, 글 한 줄 읽지 못해도 문벌만 좋으면 높은 벼슬에 올라야 하는 법이 어디 있느냐? 누구든 실력 있는 자는 등용하리라."

조선 개국 이래 글을 잘 읽어서 벼슬에 오른 이는 구종직이 유일하다.

예나 지금이나 전쟁이란 늘 혹독한 참화를 동반하게 마련이다. 임진왜란은 조선이 겪은 최대의 전란으로 그 피해와 참상은 이루 말할 수 없었다. 조선 왕실은 선대의 묘가 왜군들에게 도굴당하고 심지어 시신까지 소각당하는 쓰라림을 당하였다. 그것이 현재 지하철 2호선 선릉역 근처 삼릉공원에 있는 선릉宣陵과 정릉靖陵이다. 왕릉으로는 보기 드물게 도심 한복판에 섬처럼 떠있어 자연적인 공기청정기가 되고 있다.

그런데 이 무덤들의 주인공은 과연 누구일까? 선릉은 바로 성종, 그리고 정릉은 그 아들 중종이 모셔진 곳이다.

성종은 사후 이처럼 왜군에 의해 묘가 파헤쳐지는 비극을 당했지만 생전엔 태평성대를 구가했던 성군으로 이름이 높다. 그는 세조의 맏아들인 의경세자(덕종)와 한확의 딸인 소혜왕후 한씨 사이에서 둘째 아들로 태어났다. 월산대군은 바로 그의 친형이다.

태어난 지 두 달도 못 되어 아버지 의경세자가 죽자 성종은 세조에 의해 궁중에서 길러졌다. 어느 날인가 천둥과 벼락이 내리쳐 주위 사람 모두가 혼비백산하는데도 성종만은 홀로 얼굴빛 하나 변하지 않았다. 이를 본 세조는 태조를 닮았다며 성종의 기상을 칭찬하였다.

예종이 1469년 불과 스무 살의 나이로 사망하면서 후계 문제가 복잡해졌다. 예종에게는 제안대군이라는 적통이 있었으나 이제 겨우 4세였다. 이에 덕종의 차남인 자을산군이 장자인 월산군을 제치고 전격적으로 왕위에 올랐다. 이가 바로 성종이었다. 정희왕후와 자산군의 장인인 한명회의 정치적 결탁에 의해서였다.

왕위에 오른 성종은 당시 13세의 어린 나이라 대왕대비인 정희왕후가 수렴청정을 실시했다. 이들은 성종이 어린데다 완전한 정통도 아니었으므로 늘 왕위 찬탈을 염려했다. 종친 중에서 가장 야심이 크고 정치적 영향력을 가졌던 구성군이 제거된 것도 그런 이유였다. 이로써 왕위는 크게 안정되었다.

1476년 나이 스물이 되어 친정을 시작하게 되자 성종은 신진 사림들을 대거 등용해 훈구세력들을 견제하기 시작했다. 세월 그 자체가 늙은 공신들을 하나둘 저승으로 데려가고 있어 사림파들이 들어설 공간이 마련되고 있었다.

김종직은 바로 성종 대에 등용된 사림의 대표적 인물이었다. 성종은 홍문관을 개혁의 전위 기구로 삼아 그 조직을 확충하고 사림파들을 집중 배치하였다. 홍문관은 경연을 담당했는데, 이를 통해 성종은 홍문관 관리들과 자주 만나 정책 등을 토론하고 학문과 교육을 장려하였다.

이에 성종 대에도 세종 대 못지않게 각 분야에서 서적의 편찬이 활발히 이루어졌다. 조선시대 통치의 규범이 된 『경국대전』의 완성은 가장 돋보이는 성과물이다. 이밖에도 방대한 인문지리서인 『동국여지승람』, 삼국시대 이후의 시가를 모은 『동문선』, 당시까지의 악보와 의궤를 집대성한 『악학궤범』, 그리고 신라 초부터 고려 때까지의 역사를 기록한 『동국통감』 등이 쏟아져 나왔다. '성종成宗'이라는 묘호에 걸맞게 그야말로 그는 자신의 치세에 건국 이후 진행된 많은 사업들을 활짝 꽃피우고 조선의 전반적 체제를 완성시켰던 것이다.

하지만 성종의 개인사는 그다지 순탄하지 않았다. 그는 왕위에 오른 후 5년 만에 한명회의 딸인 왕비 공혜왕후를 잃었다. 이 때문에 윤기견의 딸인 후궁 윤씨를 다시 새 왕비로 맞아들였다. 이것이 비극의 시작이었다.

중전 윤씨는 아들 연산군까지 낳아 장래가 탄탄해 보였으나 지나친 질투가 화를 불렀다. 급기야 자신의 처소를 찾은 성종의 용안을 손톱으로 할퀴는 지경에 이르렀다. 이는 당시 사회에서 도저히 묵과할 수 없는 일이었다. 결국 중전 윤씨는 성종의 어머니 인수대비의 분노를 사 폐비가 되어 사사당하고 말았다.

폐비 윤씨의 뒤를 이어 윤호의 딸 숙의 윤씨가 중전으로 승격하니 이가 정현왕후 윤씨였다. 그녀는 1488년 훗날 중종이 되는 진성대군을 낳는 데 성공했다. 하지만 이미 연산군이 세자로 있던 상태라 그의 장

래는 자못 불투명했다. 아마도 성종이 좀 더 오래 왕위에 머물렀다면
연산군 역시 중간에 세자에서 쫓겨나 진성대군이 그 자리를 이었을지
도 모른다. 권력은 대개 그런 식으로 작동하게 마련이다.

성종은 일찍 왕위에 올라 25년 간 너무 여색을 밝힌 탓인지 1494년
12월 24일 38세의 한참 젊은 나이로 세상을 떠났다. 자신의 시대는 쾌
청하기 이를 데 없었지만 다가올 연산군 시대는 폐비 윤씨 사건으로 짙
은 어둠이 깔리고 있었다.

* 1473년 8월 26일 '조선의 성종, 전주사고 실록각에 실록을 이안하다' 참조
* 1476년 6월 4일 '조선의 성종, 사가독서제를 부활시키다' 참조
* 1482년 8월 16일 '성종, 폐비 윤씨를 사사하다' 참조
* 1485년 7월 26일 '성종, 『신편동국통감』을 편찬하다' 참조

—

1488년 12월 24일

『동문선』 편찬자 서거정 사망

—

세종, 문종, 단종, 세조, 예종, 성종 등 여섯 임금을 섬기면서 45년간
육조의 판서를 두루 지냈던 서거정이 1488년 12월 24일 사망하였다.
그의 나이 69세였다.

그는 6세 때부터 글을 읽고 신동이라 불렸으며 학문이 매우 넓어 문
학과 역사와 법률을 비롯해서 천문지리에 통달했을 뿐 아니라 의술과
점술에까지 조예가 깊었다. 대제학을 23년간이나 지낸 것으로 보아도
그의 학문적 깊이가 어느 정도였는지를 짐작할 수 있다.

그는 단종 폐위와 사육신의 희생 등 어지러운 현실 속에서도 왕을 섬기고 자신의 직책을 지키는 것을 직분으로 삼아 조정을 떠나지 않음으로써 신흥 왕조의 기틀을 잡고 문풍을 일으키는 데 크게 기여하였다.

주요 저서로 『경국대전』『동문선』『삼국사절요』『오자주해』『동국여지승람』『필원잡기』 등을 남겼는데, 그중 가장 큰 업적은 1498년에 완성한 『동문선東文選』이다. 이는 신라의 설총, 김인문, 최치원을 비롯해서 백제의 무명작가, 고려, 조선 초기의 명문들을 모두 수록한 133권이나 되는 방대한 책이었다.

당대의 혹독한 비평가였던 김시습과도 미묘한 친분 관계를 맺음으로써 훗날 곧잘 비교의 대상이 되었다.

* 1478년 11월 15일 '서거정 등이 『동문선』을 편찬하다' 참조

1897년 12월 24일

손병희, 제3대 동학 교주에 취임

1897년 12월 24일 손병희가 최시형의 뒤를 이어 동학의 제3대 교주에 취임하였다. 그는 고종 19년(1882)인 22세 때 동학에 입교한 뒤 교주 최시형의 수제자로서 연성수도鍊性修道하였다.

손병희는 앞서 1894년 동학농민운동 때 통령統領으로서 북접의 농민군을 이끌고 남접의 전봉준과 논산에서 합세, 호남 · 호서를 석권하고 북상하여 관군을 격파한 바가 있었다.

손병희는 1906년에 동학을 천도교天道敎로 개칭하였다. 1908년에는

교주 자리를 박인호에게 인계하고 우이동에 은거한 뒤 수도에 힘쓰다
가 1919년 민족대표 33인의 대표로 3·1운동을 주도하고 경찰에 체포
되었다.

3년형을 선고받고 서대문 형무소에서 복역한 후 이듬해 10월 병보석
으로 출감하였다. 하지만 치료 중 별장 상춘원에서 사망했다.

* 1861년 4월 8일 '동학의 제3대 교주 손병희 출생' 참조
* 1918년 12월 15일 '손병희 등 천도교 인사, 상춘원에서 독립운동 밀의' 참조

─

1907년 12월 24일

독립운동가 이승훈, 오산학교 설립

─

1907년 12월 24일 남강 이승훈이 민족정신의 고취와 인재 양성에 뜻
을 두고 사재를 털어 평북 정주군에 오산학교를 설립하였다. 초대 교장
은 백이행이었다.

오산중학교, 오산고등학교의 전신인 오산학교는 1910년에는 나부열
목사를 설립자 겸 교장으로 맞았다. 당시 많은 애국지사들이 이 학교
에서 후진 양성을 위해 심혈을 기울였는데, 3·1운동 후 이승훈이 체포
구금되자 일제의 탄압을 받아 교사가 불탔다.

1930년 5월 이승훈이 갑작스럽게 사망한 뒤로는 근근이 명맥만을 이
어왔다. 한국전쟁이 일어나자 학교를 부산으로 옮겨 1953년 4월에 오
산고등학교로 재건하였고, 1956년에 현재 위치인 서울 용산구 보광동
으로 이전하였다.

오산학교는 민족교육사에 크게 공헌하였다는 평가를 받고 있다.

* 1930년 5월 9일 '독립운동가 이승훈 타계' 참조

12월의
모든 역사

12월 25일

■
·
■

1971년 12월 25일

대연각호텔에 대화재가 발생하다

-폴 뉴먼이 주연한 재난 영화 「타워링」은 대연각호텔 화재 사건을
소재로 만들어졌다.

1971년 12월 25일 크리스마스 아침, 서울 충무로에 있는 대연각호텔 복도와 계단에 연기가 가득 찼다. 화재가 발생한 것이었다. 전날 밤에 있었던 크리스마스이브 파티를 마치고 늦게 잠들었던 투숙객들은 당황하여 창문을 깨고 구조를 요청하였다.

당시 화재는 호텔 2층 커피숍 주방 안에 세워 둔 프로판가스가 폭발하면서 발생하였다. 불은 합성섬유 카펫과 목조 인테리어를 태우며 순식간에 3층과 4층으로 번졌다. 냉난방 덕트를 통하여 호텔 최상층인 21층 스카이라운지까지 불이 옮는 데는 1시간 30분밖에 걸리지 않았다.

곧바로 서울 시내에 있는 모든 소방차가 출동해 물줄기를 쉴 새 없이 뿜어댔지만 호텔이 워낙 고층인 탓에 소용없었다. 당시 제일 긴 32m 사다리차도 겨우 7층까지밖에 닿을 수가 없었기 때문이다. 결국 대통령 전용헬기와 육군 항공대, 미8군 헬기 등이 현장에 투입되었다.

하지만 이것마저도 강한 바람과 연기로 인해 건물 접근이 어려웠다. 할 수 없이 밧줄을 내려 창가의 사람들을 구조해야만 하였다. 다급해진 투숙객들 중에 일부는 침대 매트리스를 끌어안고 창밖으로 몸을 던지기도 하였다.

방송사들은 낮 12시 30분쯤부터 텔레비전을 통해 화재 현장을 생중계하였는데, 이 모습이 국내는 물론 미국과 유럽, 일본 등 전 세계에 실시간으로 보도되었다.

불은 화재가 난 지 10시간이나 지난 오후 8시 30분경이 되어서야 잦아들었다. 하지만 이미 객실에서 탈출하지 못한 150여 명의 외국인을 포함해 163명이 사망하고, 63명의 부상자가 발생한 뒤였다. 특히 호텔 내부에 비상계단이나 소방시설이 마련되어 있지 않았기 때문에 중간층에 있던 사람들의 인명 피해가 컸다. 피해액도 8억 5,000만 원에 달하였다.

이 참사는 우리나라에서 발생한 단일 화재로 최대의 인명 피해를 낸 사건이었다. 당시 세계 호텔 화재 사상 가장 큰 규모의 화재로 기록되었다. 할리우드의 유명한 재난영화 「타워링」의 모티브가 되기도 했다.

대연각호텔 화재는 희박했던 소방 안전에 대한 인식을 바꾸는 계기가 되었다. 이후 소방법이 강화되어 가스용기는 옥외 불연재함에 보관하고 주배관은 금속관을 사용하도록 하였으며, 스프링클러 같은 자동식 소화 설비 설치가 의무화되었다.

하지만 이런 조치에도 불구하고 3년여 뒤인 1974년 11월 3일 새벽, 서울 청량리 대왕코너 6층에 있는 브라운호텔에서 전기합선으로 인해 또 한 번의 대형 화재가 발생하였다. 이 화재로 88명이 숨지고 35명이 부상하였다.

* 1974년 11월 3일 '서울 대왕코너 화재 발생' 참조

1888년 12월 25일

국어학자 환산 이윤재가 태어나다

"우리가 지금 일본의 총칼 밑에 눌려 산다고 언제나 이럴 줄 알아서는 큰 잘못이다. 나는 나이도 들었고 지금 형세로는 감옥에서나 죽게 생겼지만 너희들은 대명천지 맑은 날에 내 나라 다시 찾고 독립 국민으로 떳떳이 살 날이 꼭 올 것이다. 너희들은 틀림없이 독립을 보리라. 그러자면 지금부터 정신을 똑바로 차려야 한다."

-이윤재 어록비, 「너희들은 독립을 보리라」

알퐁스 도데가 쓴 「마지막 수업」은 많은 사람들이 기억한다. 소설 속의 프랑스 상황이 일제시대의 우리 모습과 닮았기 때문이다. "비록 한 민족이 노예가 되더라도 자기 나라의 말만 잘 지키면 감옥의 열쇠를 손에 쥐고 있는 것이나 마찬가지다."라는 아멜 선생의 말은 그래서 더욱 가슴을 울린다.

일제는 중일전쟁 이후 공공기관에서 조선어의 사용을 금하는 등 조선어 말살 정책을 펼쳤다. 하지만 온갖 탄압을 무릅쓰고 많은 학자들이 우리말과 글을 지켰다. 그 대열의 맨 앞에 환산 이윤재가 서 있었다.

평생을 한글 연구에 바친 이윤재는 1888년 12월 25일 경남 김해에서 이용준의 맏아들로 태어났다. 이윤재는 처음 서당에서 한학을 공부하다 뒤늦게 김해보통학교에 들어가 신학문을 배웠다.

1908년 이곳을 졸업한 그는 김해 합성학교에서 교편을 잡은 뒤 다시 대구에 있는 계성학교를 다녔다. 이 무렵 그는 주시경의 강연을 듣고 우리말과 글에 대한 중요성을 뼈저리게 느꼈다. 이 때문에 틈만 나면 주시경을 찾아가 우리말에 대한 지식을 익혔다.

그 후 1919년 영변의 숭덕학교에 근무하던 중 '3·1 운동'에 적극 가담했다가 일경에 체포되어 1년 6개월간 옥고를 치렀다.

1921년 출옥한 이윤재는 중국으로 망명해 단재 신채호 등을 두루 만나며 그곳 분위기를 파악했다. 그 후 민족주의 사학자이던 단재 신채호의 영향이 작용했는지 베이징대학교 사학과에 입학해 3년 동안 근대사를 공부했다.

학업을 마치고 1924년 귀국한 그가 처음으로 자리를 잡은 곳은 정주의 오산학교였다. 이곳은 이승훈이 사재를 털어 설립한 서북지방 독립운동의 요람이었다. 여기서 그는 수양동우회에 가입해 활동하였는데,

이것은 안창호가 창립한 흥사단의 국내 지부였다. 이듬해 한성으로 옮겨 협성, 경신, 연희전문 등에서 국어와 국사를 가르쳤다.

1927년 환산은 조선말 사전이 한 권도 없는 현실을 개탄하며 조선어연구회에 가입해 조선어사전의 편찬을 추진하였다. 그리하여 1929년 10월 각계 유지 108명의 발기로『조선어사전』편찬회가 조직되기에 이르렀다. 최현배, 이극로 등과 함께 환산도 집행위원으로 선임되었다.

1931년 조선어 연구회가 조선어 학회로 개편된 후 그 기관지로『한글』이 창간되자 편집을 주관했다. 이것은 현재 발행되고 있는 우리나라의 학술잡지 중에서 가장 역사가 오래된 것으로 알려져 있다.

이윤재는 기회가 나는 대로 전국을 순회하며 한글과 관련한 강연회를 열었다. 1933년엔「한글 맞춤법 통일안」을 완성해 그 보급에 힘썼다. 그는 연희전문으로 강의하러 다닐 때 총독부가 보기 싫어 먼 길로 돌아갈 만큼 항일의식이 강했다. 그가 저술한「성웅 이순신」은 비판적인 내용으로 치안을 방해한다며 시중에 나오자마자 금서로 지정되기도 했다.

1934년 한민족의 얼을 되살린다는 취지로 역사 · 언어 · 문학 등을 연구하기 위한 진단학회가 창립되자 이윤재도 여기에 관여하였다. 그는 이곳에서 국어와 역사를 아우르며 국학 발전에 기여했다.

이윤재에 의하면 '한글'의 명칭은 주시경이 지은 것이며 이는 우리 고대 민족의 이름인 '환족'이나 '환국'으로 거슬러 올라간다. '환'이 '한'으로 변해 '삼한'이나 '한국'이라는 이름도 나왔고 '크다'나 '하나'라는 뜻을 갖고 있다는 것이다. 따라서 '한글'은 '한'이란 겨레의 글, 즉 조선의 글이라고 풀이하였다. 그는 또 한글을 '언문諺文'이라고 멸시하는 데 대하여 이는 중국의 문화에 빠져 우리의 것이라면 턱없이 낮추어 보는 더러운 사대주의 사상에 물든 탓이라고 신랄하게 비판하였다.

1942년 이윤재는 이희승·정인승 등과 함께 한글 맞춤법, 외래어 표기법 등을 정리해 드디어 고대하던 사전의 발간을 눈앞에 두었다. 그러나 박영희라는 여학생이 일본어를 사용하다가 꾸지람을 들었다는 일기장의 내용이 발단이 되어 조선어 학회는 환산을 비롯해 33명이 체포되는 날벼락을 맞았다. 이들은 일경에게 온갖 악랄한 고문을 당하였는데, 이윤재는 특히 더하였다. 결국 그는 고문으로 온 몸이 망가져 끝내 1943년 함흥형무소에서 숨을 거두고 말았다.

이런 숭고한 희생이 있었기에 우리말은 그 엄혹한 시대에도 얼어 죽지 않았다.

* 1921년 12월 3일 '조선어 연구회 창립' 참조
* 1933년 10월 19일 '조선어 학회, 「한글 맞춤법 통일안」 마련' 참조
* 1942년 10월 1일 '조선어 학회 사건이 발생하다' 참조

—

1898년 12월 25일

독립협회 강제 해산

—

독립협회는 고종 33년인 1896년 7월 설립된 이래 정부의 외세 의존 정책에 반대하는 개화 지식층을 중심으로 한국의 자주 독립과 내정 개혁을 표방하고 활동하였다. 그러나 1898년 12월 25일, 고종의 명령에 의해 강제 해산되었다.

해산 이전에 독립협회는 많은 사회단체 중 지도적 역할을 담당하였

다. 1898년에는 종로 광장에서 만민공동회를 개최하여 시국에 대한 '6개조 개혁안'을 결의하고 그 실행을 고종에게 주청하기도 했다. 처음에 고종은 6개조의 실행을 약속하였으나 정부 대신들이 이권에만 눈이 어두워 약속한 지 며칠이 지나도 아무런 실행을 하려 들지 않자 정부를 탄핵하는 협회의 외침이 점점 높아졌다.

이에 불안을 느낀 정부 수뇌급들은 "독립협회가 황제를 폐하고 공화제를 실시하려 한다"고 무고하였다. 이에 이상재 이하 17명의 독립협회 간부들이 체포되었다. 그러자 독립협회는 회원을 총동원하여 석방을 요구하였다.

결국 정부의 사주를 받은 어용단체인 황국협회까지 개입해 유혈사태가 빚어지고 고관의 집이 습격당하는 사태에 이르게 되었다. 그러자 고종이 내각을 개편하고 양 협회 대표자에게 그들의 요구를 모두 수용할 것을 약속하고는 해산을 명한 것이다.

이로써 협회는 해산되었지만 만민공동회라는 이름으로 존속하다가 1899년 초에 최종 해산되었다. 그 후 대한자강회와 대한협회로 그 정신이 이어졌다.

* 1896년 7월 2일 '서재필, 독립협회를 결성하다' 참조
* 1898년 10월 29일 '독립협회, 만민공동회 개최' 참조

—

1932년 12월 25일

경박호 전투 발발

—

1932년 12월 25일 한국과 중국 연합군인 토일군이 동만주 경박호 근처에서 일본과 만주 연합군 2,000명을 격파한 경박호 전투가 벌어졌다.

전투는 한국 측 사령관 이청천·황학수, 중국 측 대장 채세영이 이끄는 한중 연합군이 경박호 일대에서 재편 훈련을 하던 중 일만군이 대거 진격해 오면서 비롯되었다. 이때 일본군은 소북호로부터, 만주군은 돈화로부터 쳐들어왔다.

이에 한중 연합군이 남북 협공의 양상에 처하게 되었다. 하지만 한중 연합군은 당황하지 않았다. 병력을 집중한 뒤, 먼저 전투력이 약한 만주군 100여 명을 유리한 지형을 이용해 섬멸하였다. 패배를 직감한 나머지 만주군과 일본군은 혼비백산하여 발해, 영안 방면으로 도주하였다.

12월의
모든 역사

12월 26일

:
:
:

1397년 12월 26일

최초의 성문 통일 법전인 『경제육전』을 간행하다

都堂 令檢詳條例司 册寫戊辰以後合行條例 目曰 經濟六典 啓聞于 上 刊行中外(도당에서 검상조례사로 하여금 무진년 이후의 합당히 행한 조례를 책으로 쓰게 하여 제목을 『경제육전』이라 하여 임금께 아뢰고, 중외에 인쇄하여 발행하였다).

-『태종실록』권 제12

현행 우리나라 헌법 제11조 1항은 '모든 국민은 법 앞에 평등하다. 누구든지 성별, 종교 또는 사회적 신분에 의하여 정치적, 경제적, 사회적, 문화적 생활의 모든 영역에 있어서 차별을 받지 아니한다'라고 적어 분명히 평등권 원칙을 밝히고 있다.

하지만 이것이 현실에서 그대로 지켜지고 있다고 믿는 사람은 아무도 없다. '무전유죄 유전무죄'라는 사회적 유행어가 이를 잘 대변한다. 그렇다고 법의 가치나 필요성을 부정할 수는 없는 노릇이다. 그것은 한 사회를 유지하고 발전시키기 위한 최소한의 장치이기 때문이다.

비록 지금보다는 비체계적이고 그 효력도 훨씬 약했지만 고조선의 '범금 8조'에서 보듯 법률은 아주 오래전부터 한 사회를 통제해 왔다. 삼국시대에도 율령의 반포는 고대국가의 성립을 나타내는 지표가 될 만큼 중요한 문제였다.

고려시대에 들어오면 대체로 당나라의 것을 모방한 '고려율'이라는 성문법이 시행된 것으로 알려져 있다. 다만 정치 · 경제 · 사회 · 문화 · 군사 등 각 분야의 법규와 관례를 종합해 통치의 기본으로 삼은 그런 통일적 법전은 아니었다. 이렇게 국가에 근본이 되는 법전이 없으면 '고려공사삼일高麗公事三日(고려의 정책이나 법령은 3일 만에 바뀐다는 뜻)'처럼 국가의 정책에 안정성을 기대하기가 어려울 수밖에 없다.

이성계는 조선을 건국한 후 처음에는 모든 의장과 법제에서 고려의 것을 따르겠다고 선언하였다. 하지만 그것은 왕조 교체로 인한 일시적인 조처였고 서서히 기반이 잡히자 조선의 실정에 맞는 법률의 제정을 서둘렀다. 조선 건국의 일등공신으로 흔히 '조선의 디자이너'로 불리는 정도전이 역시 발 빠르게 움직였다. 그는 1394년 『주례』 『경세대전』 『대명률』 등을 기초로 국가의 기본 틀과 제도를 담은 『조선경국전』을 개인적으로 펴냈다. 이는 국가에서 편찬한 공식 법전이 없는 상태에서 커다란 영향력을 가졌다.

그러므로 정도전의 『조선경국전』은 당연히 국가적인 공인 아래 법적 효력을 갖는 관찬법전의 편찬을 자극하게 되었다. 당시 조선의 최고정무기관이던 도평의사사는 그 작업을 산하기구로 있던 검상조례사에 맡겼다. 검상조례사는 법률의 정비와 법전 편찬을 관장하던 곳으로 지금의 법제처와 그 역할이 비슷하다.

이에 또 다른 개국공신 조준의 책임 아래 이성계가 1397년 12월 26일 위화도 회군으로 권력을 잡은 1388년부터 10년 동안 시행된 조례들을 모아 『경제육전』을 만들었다. 이는 우리 역사상 최초의 공식적인 성문 통일법전이라고 할 수 있다. 아쉽게도 현재는 전해지지 않아 그 법전을 구경할 수 없다. 다만 『조선왕조실록』에 직간접으로 그와 관련된 기사가 곳곳에 인용되어 그 체제와 내용을 어느 정도 파악할 수는 있다.

그런데 『경제육전』을 경제와 관련된 법전으로 이해하면 곤란하다. 물론 그것을 다루지 않은 것은 아니지만 여기서 말하는 '경제'는 재화와 용역에 관한 개념이 아니다. '세상을 다스리고 백성을 구제한다'는 '경세제민經世濟民'을 줄인 말이다. '육전六典'이란 조선시대 행정의 골격인 6조, 즉 이·호·예·병·형·공조와 관련된 업무 내용을 적어 놓은 법전을 의미한다. 결국 이 6조의 틀 안에서 조선 사회의 모든 움직임이 제어되었다고 할 수 있다.

조준이 책임지고 편찬한 『경제육전』은 각 관청의 등록을 토대로 하면서 원문을 그대로 싣는 경우가 많았다. 이 때문에 조문에는 한문 이외에도 이두나 사투리가 섞이는 일이 빈번했다.

시간이 흐르면 기존의 내용에 문제가 있거나 새로운 상황을 보강

할 법률 조항이 필요해지게 마련이다. 이에 하륜은 태종 때『경제육전』
을 검토하여 조문에 있는 이두와 사투리를 한문으로 바꾸었는데, 이것
이『원육전』이다. 이어『경제육전』에 누락된 것과 그 이후 만들어진 법
령을 모아『속육전』을 완성하였다. 하지만 이들 모두『경제육전』이라
고 불렀다. 그리하여 처음 조준이 만든『경제육전』은『이두원육전』이나
『방언육전』으로 불러 구분하기도 한다.

만일『원육전』과『속육전』사이에 서로 어긋나는 것이 있으면『원육
전』을 기본으로 문제를 처리케 하였다. 이를 계기로『원육전』, 즉『경제
육전』은 이른바 '조종祖宗의 성헌成憲'으로 존중되어 함부로 고치지 못하
게 했다. 부득이 원전을 변경해야 할 경우에는 원문은 그대로 두고 각
주를 달아 그 취지를 표시하게 하였다.

이후『경제육전』은 계속 누적되는 법령으로 인해 두 차례의 수정을
더 거쳤다. 이처럼 법전의 증보 작업이 계속되자 세조 때에는 모든 법
령들을 전체적으로 정리할 필요성을 느꼈다. 바로『경국대전』이었다.
『경제육전』은 이 거작을 탄생시키는 데 아주 중요한 밑거름이었다.

* 1394년 5월 30일 '정도전,『조선경국전』을 편찬하다' 참조

—

1670년 12월 26일

조선의 실학자 유형원, 『반계수록』 출간

—

실학을 체계화한 조선 후기 학자 유형원이 국가 운영과 개혁에 대한
견해를 담아『반계수록磻溪隨錄』을 펴냈다. 목판본으로 26권 13책이었는

데, 효종 3년(1652)에 쓰기 시작하여 현종 11년(1670) 12월 26일에 완성하였다.

당시 조선왕조는 임진왜란과 병자호란 등으로 인해 피폐해진 국력을 회복하기 위한 처방이 절실했기에 『반계수록』을 통해 전반적인 제도 개편을 구상하게 된 것이다.

그는 이 책에서 중농사상에 입각하여 토지 겸병兼併을 억제하고 토지를 균등하게 배분할 수 있도록 전제田制를 개편하고, 세제·녹봉제祿俸制의 확립, 과거제의 폐지와 천거제의 실시, 신분·직업의 세습제 탈피와 기회 균등의 구현, 관제·학제의 전면 개편 등을 주장하였다.

이렇게 토지 소유 관계의 개혁을 초점으로 하고 있는 개혁론은 실제 정책으로 채택되지는 못하였지만, 이후 이익·정약용으로 이어지는 중농주의적 실학자에게 가장 중요한 논점이 되었다.

성리학·역사·지리·병법·음운音韻·선술仙術·문학 등에 두루 관심을 가졌던 유형원은 『반계수록』 외에도 20여 종의 저서와 문집을 남겼으나 전해지지 않고 있다.

* 1622년 3월 2일 '조선의 실학자 유형원이 태어나다' 참조

1978년 12월 26일

제2차 오일쇼크 발생

1978년 12월 26일 이란은 유전 노동자가 팔레비 왕정 타도를 외치면서 파업에 돌입했다는 이유로 하루 석유 수출량을 500만 배럴에서 200

만 배럴로 감소시켰다. 그 결과, 원유의 가격이 1배럴당 30달러 이상으로 폭등하였고 석유 수급 또한 원활치 않았다. 이로 인해 세계 경제는 큰 혼란에 빠졌다. 이를 제2차 오일쇼크라고 한다.

앞서 1973년 10월에는 페르시아 만의 6개 산유국들이 일제히 유가 인상과 감산에 돌입하면서 제1차 오일쇼크가 발생한 바가 있었다.

선진국들의 피해는 1차 때보다 적었지만, 우리나라는 10 · 26 사건과 1980년의 정치 혼란이 겹치면서 치명적인 충격을 받았다. 결국 1980년 의 실질성장률이 경제 개발 이후 처음으로 마이너스 2.1%를 기록했다. 물가상승률은 28.7%에 달했고 실업률도 5%를 넘어섰다. 하지만 대체 에너지 개발에 눈을 돌리는 긍정적 효과도 있었다.

1981년 이후 소비국의 수요 감퇴가 표면화되면서 제2차 오일쇼크는 다시 가라앉았다.

* 1973년 10월 17일 '제1차 오일쇼크 발생' 참조

1504년 12월 26일

조계종의 본사였던 원각사 폐사

원각사圓覺寺는 흥복사라는 이름으로 고려시대부터 내려온 고찰古刹이 었는데, 조선 태조 때 조계종의 본사가 되었다.

조선시대 도성 내 3대 사찰의 하나로 꼽히던 원각사는 이후 연산군 10년인 1504년 12월 26일 철저한 억불 정책으로 인해 폐사된 뒤 장악 원 또는 연방원이라는 기생방이 되었다.

그 뒤 중종 9년(1514) 폐사의 재목을 공용건물 영선營繕에 사용함으로써 사찰 건물은 자취를 감추었다. 절에 있던 대종大鐘은 1536년부터 1985년까지 종로의 종각 내에 안치되다가 종 내부에 금이 생기자 1985년 8월 국립중앙박물관으로 이전되었다.

이후 원각사 터는 폐허로 방치되다가 1897년에 대한제국 내부 토목국장이던 남궁억이 지휘·감독하여 한성 최초의 근대식 공원인 파고다 공원으로 다시 태어났다.

* 1992년 5월 28일 '파고다 공원, 탑골 공원으로 개칭' 참조

1628년 12월 26일

실학자 이수광 사망

조선 전기의 성리학시대와 조선 후기의 실학시대를 가르는 분기점에 서 있던 실학의 선구자 지봉 이수광이 이조판서로 재직하다 1628년 12월 26일 66세를 일기로 세상을 떠났다.

경기도 양주 장흥리에 안장되었으며, 영의정에 추증되어 문간의 시호를 받았다. 이수광은 서양의 사정과 천주교 지식을 소개한 책『지봉유설』을 남겼는데, 일제 시대의 국학자들이『지봉유설』을 애독하며 그를 실학의 선구자로 추앙하면서 재평가받기 시작하였다.

이수광은 선조·광해군·인조의 세 임금을 섬긴 관료로서 무실(실학)의 학문을 몸소 실천하여 청백한 삶을 살다 간 학자로 평가받고 있다.

12월의
모든 역사

12월 27일

1945년 12월 27일

모스크바 삼상회의에서 한국 신탁통치를 발표하다

-신탁통치 결사 반대를 외치는 우익의 반탁 데모

-모스크바 삼상회의를 지지하는 조선공산당 주도의 찬탁 데모

1945년 12월 16일부터 25일까지 미국·영국·소련 세 나라의 외무 장관들이 모스크바에 모여 제2차 세계 대전의 전후戰後 문제 처리에 관한 회의를 가졌다. 그리고 그 회의 결과를 12월 27일에 발표하였다.

① 한국을 독립국으로서 재건·발전시키기 위하여 임시정부를 수립한다.

② 한국임시정부 수립을 돕기 위하여 미·소 양군 사령부의 대표로 공동 위원회를 구성한다.

③ 공동위원회는 한국임시정부의 수립과 한국의 완전 독립을 목적으로 하는 미·소·영·중 4개국에 최고 5년간 신탁통치협정을 작성한다.

④ 남북한에 관한 긴급한 여러 문제의 검토를 위하여 주한 미·소 양군 사령부 대표에 의한 회의를 2주일 내에 소집한다.

당시 '모스크바 삼상회의三相會議'라고 불린 이 회의 결과가 AP통신을 통해 국내에 알려지면서 커다란 파문이 일어났다. 특히 '5년 동안의 신탁통치'는 우리 국민에게 새로운 굴레를 씌우려는 열강의 음모로 생각되었다. 이에 즉각적으로 독립이 이루어질 줄 알았던 김구 등의 우익 계열이 먼저 강한 반발을 보였다.

반탁독립투쟁위원회는 한국의 신탁통치를 구체적으로 반대하기 위하여 각 정당급 사회단체가 투쟁 방침을 통일하고 투쟁 역량을 집결하기 위하여 조직한 것이니 각 지방의 정당급 단체는 국민운동의 핵심체인 대한독립촉성국민회의 지부를 중심으로 하여 역량을 집결하고 명령에 의하여 운동을 추진할 것이다.

　　　　　　　　　　　　　　　　－김구, 반탁 운동의 방법을 지시한 담화문

이들은 12월 28일에 긴급 임정 국무회의를 열어 '탁치 반대 국민총동원위원회'를 설치하고 이어 31일에는 100여 개의 사회단체와 정당이 참여한 '서울시민 반탁대회'를 개최했다. 이승만이 이끄는 독립촉성중앙협의회도 처음에는 소극적이다가 '반탁 운동은 제2의 독립운동'이라는 구호를 외치며 반탁 정국에 뛰어들었다.

그 결과, 신탁통치 결사 반대의 열기가 민족감정을 자극하여 광범위한 대중적 지지를 얻으면서 전국적으로 확산됐다. 곳곳에 반탁을 알리는 벽보가 붙었고, 신문들도 반탁 기사를 앞다투어 실었다.

좌익 계열 또한 처음에는 반탁을 주장하였다. 하지만 조선공산당을 이끄는 박헌영이 12월 28일 평양에서 모스크바로부터 지시를 받고 내려온 소련 군정 담당자와 소련 영사, 김일성 등과 만나 찬탁 노선을 지시받았다. 그러자 이듬해인 1946년 1월 2일부터 공식적으로 찬탁을 지지하는 입장으로 선회하였다. 그래서 1월 3일로 예정되어 있던 서울 시민 동원 반탁 운동 행사를 찬탁 행사로 바꾸어 버렸다. 이들은 반탁의 열기가 너무 거세지자 신탁통치란 말을 쓰지 않고 대신 '후견제後見制'라는 단어를 사용하기도 했다.

이에 따라 광복 후 친일세력과 민족세력 간의 대립구도가 반탁과 찬탁으로 인해 갑자기 좌익과 우익의 대립구도로 바뀌게 되었다. 이 와중에 좌우익의 극단적 편 가르기가 계속되어 중도파들은 설 자리를 잃었다.

미국과 소련 또한 입장이 대립되었다. 한국에 대한 신탁통치와 임시정부 수립을 지원하기 위하여 1946년 3월에 제1차 미소공동위원회 본회담이 열렸는데, 소련은 반탁 단체와 정당을 임시 정부에 참여시킬 수 없다고 주장하였고 미국은 참여시켜야 한다는 입장을 고수하였다. 결국 미·소 공동 위원회는 결렬되고 말았다. 1947년 5월에도 다시 한 번

공동 위원회가 열렸으나, 이 회담 역시 성과 없이 끝났다.

1947년 10월, 미국은 소련과 협상을 통해서는 한반도 문제를 해결할 수 없다고 판단하여 한국 문제를 국제연합UN에 상정하였다. 이에 따라 유엔 총회에서 우리나라 문제가 정식으로 심의되었다. 1948년 2월 26일 유엔 총회는 북한 지역을 제외한 남한만의 단독 총선거 실시 결의안을 채택하고 5월 10일에 총선거를 실시하였다.

이로써 미국과 소련에 의한 5년간의 신탁통치는 막았다. 하지만 남한 지역에서만 선거가 치러짐으로써 한반도의 분단이 고착화되는 결과를 낳았다.

* 1946년 1월 2일 '조선 공산당, 신탁통치 지지' 참조
* 1946년 3월 20일 '제1차 미소공동위원회 개최' 참조

―

1990년 12월 27일

화가 장욱진 사망

―

「공기놀이」「자동차 있는 풍경」「까치」등 세상 살아가는 이야기와 가족들 이야기, 전설 같은 이야기를 화폭에 담아온 화가 장욱진이 1990년 12월 27일 74세를 일기로 세상을 떠났다.

그는 세상을 떠나기 하루 전 해묵은 종이뭉치 속에서 먹그림을 가려내고, 마땅치 않은 것들은 벽난로에 집어넣어 태워 버렸다고 한다.

그가 세상을 떠난 이듬해인 1991년 후학들이 고향인 충남 연기군 동면 응암리 선영에 탑비를 세웠으며 추모전시회를 개최하였다.

장욱진은 일본제국미술학교를 졸업하고, 8 · 15 해방 뒤 김환기, 유영국, 이규상 등과 함께 '신사실파' 동인으로 활동하였다. 국립박물관학예관을 거쳐 서울대학교 미술대학 교수를 역임하였다.

장욱진은 철저함과 단순함을 내세우는 작품세계를 선보였다. 추모문집으로는 『장욱진 이야기』가 있다. 그의 사후 여러 차례의 전시회가 열렸으며, 1998년에는 '장욱진미술문화재단'이 발족하였다.

——

1910년 12월 27일

독립운동가 안명근, 데라우치 총독 암살 실패

——

1910년 12월 27일 평북 선천에서 안중근의 사촌 안명근이 데라우치 마사타케 총독을 암살하려다가 실패하였다.

1879년 황해도 신천에서 태어난 그는 어려서부터 안중근과 함께 항일운동을 하였다. 1910년 국권피탈 후에는 중국 둥베이 지방에 무관학교를 설립하기 위해 자금을 염출하던 중 체포되어 옥고를 치르기도 했다. 석방된 직후 선천 역에서 데라우치를 암살하려다가 실패한 것이었다.

이에 일본 경찰은 신민회원 등이 배후에서 조종한 것처럼 꾸며 600여 명을 검거했다. 또한 악독한 고문을 자행한 뒤, 이 중 대표적인 인물 105명을 기소함으로써 이른바 105인 사건을 조작하였다.

그 뒤 1심에서 유죄선고를 받은 105명이 불복상고를 제기하여, 2심에서 99명은 무죄 석방되었다. 그러나 윤치호 등 6명은 주모자로 몰려 4년의 징역 선고를 받고 복역하였다.

안명근은 무기징역을 선고받고 경성형무소에서 10년 동안 복역하였다. 출옥 후에는 중국으로 망명, 독립운동을 계속하다가 지린성에서 병사하였다. 1962년 건국훈장 독립장이 추서되었다.

* 1911년 10월 12일 '105인 사건이 발생하다' 참조

12월의
모든 역사

12월 28일

■
·
■

261년 12월 28일

신라에서 김씨 최초의 왕 미추이사금이 즉위하다

신라에서는 정치적 위상의 발전에 따라서 왕들의 칭호가 변하였다. 첫 번째 칭호는 거서간이었다. '간'이라는 것은 우두머리를 지칭하는 말로 한, 칸 등으로도 불렸다. 그 다음은 차차웅이었다. 주로 종교적인 색채를 강조하는 호칭이었다. 세 번째 칭호는 이사금이었으며, 이는 왕을 뜻하는 임금이라는 말의 유래가 되었다. 네 번째 칭호는 마립간이었는데, 벼슬을 말뚝에 써서 박아 놓아서 표시한 것에서 유래하였다.

이후 지증왕 때부터 비로소 왕이라는 호칭을 사용하였다. 이는 신라가 중앙집권 국가로 자리를 잡아가는 증거였고, 실제로 신라는 지증왕 때부터 비약적으로 발전하기 시작하였다.

신라 제14대 유례왕 때의 일이다. 지금의 경북 청도 지역을 중심으로 세력을 키워가던 이서국이 경주에 쳐들어왔다. 신라는 대대적으로 군사를 일으켜 이를 막았지만 역부족이었다. 이때 갑자기 어디선가 댓잎을 귀에 꽂은 이상한 군사들이 나타나 신라군을 도와 적들을 물리쳤다. 이서국이 후퇴한 후 살펴보니 댓잎 병사들은 간데없이 사라지고 댓잎만이 미추왕릉 앞에 무수히 쌓여 있었다.

이에 신라인들은 미추왕이 몰래 자신들을 도와 적들을 물리쳤다고 생각했다. 물론 죽은 미추왕이 실제로 그런 신통력을 부렸을 리는 없다. 그만큼 미추왕에 대한 신라인들의 존경심이 컸다는 것을 의미한다.

국왕의 성姓이 바뀌면 왕조도 바뀐다는 것이 역사적 상식이다. 중국에서 일어났던 그 많은 왕조 교체가 그렇고 우리나라에서 진행된 고려와 조선의 건국 또한 그걸 말해 준다. 하지만 특이하게도 신라만큼은 그런 상식에서 저만치 빗나가 있다. 이른바 '박·석·김'의 세 성씨가 돌아가며 왕위에 올랐는데도 '신라'라는 이름의 왕조가 지속된 것이다.

일부에서는 이들 3성의 실체를 아예 부정하는 시각도 있는데, 이것은 『삼국사기』의 초기 기록을 크게 불신하기 때문이다. 물론 『삼국사기』가 당대의 기록도 아니고 고려시대에 만들어져 연대나 계보에 얼마든지 오류가 있을 수는 있다. 하지만 3성 교립 그 자체는 사실로 봐야한다.

미추이사금은 바로 김씨 집단에서 배출한 최초의 군주였다. 여기서 '이사금尼師今'은 유리와 탈해가 떡을 깨물어 그 잇금을 비교해 후계자를 결정한 데서 유래하였다. 미추의 계보와 관련해 『삼국사기』「미추이사금」조에는 재미있는 구절이 등장한다.

알지는 세한을 낳고, 세한은 아도를 낳고, 아도는 수류를 낳고, 수류는 욱
보를 낳고, 욱보는 구도를 낳으니 구도는 곧 미추의 아버지이다.

보통 박씨의 시조는 혁거세, 석씨의 시조는 탈해, 김씨의 시조는 알
지로 알려져 있다. 하지만 알지의 경우 「문무왕릉비문」 등 여러 자료들
이 신라의 시조를 '성한'이라고 지칭해 주의가 요구된다.

미추는 구도와 갈문왕 이칠의 딸인 술례부인 박씨 사이에서 태어났
다. 아버지 구도는 벌휴이사금 때에 주로 전쟁터에서 활약한 것으로 알
려져 있다. 미추는 조분이사금의 둘째 딸인 광명부인과 결혼하여 석씨
왕실의 사위가 되었다.

본래 조분에게는 훗날 이사금에 오르는 유례와 기림이사금의 아버
지 걸숙 등 두 명의 아들이 있었다. 하지만 이들의 나이가 어려서 그랬
는지 조분왕이 죽자 그의 동생인 첨해가 왕위를 계승했다. 이는 신라가
건국하고서 처음 있는 일이었다. 이런 경우 그동안은 사위 쪽으로 왕위
가 넘어가는 게 보통이었다.

이런 전통을 깨고 맏사위인 우로와 둘째 사위인 미추를 건너뛰어 동
생 첨해가 왕위에 올랐다는 것은 뭔가 석연치 않은 구석이 있다. 왕위
계승권에서 0순위였던 우로가 왜장에게 잡혀 불에 타 죽는 것이 더욱
의문을 부채질한다. 어쩌면 부당하게 왕위를 차지한 첨해가 왕위에 불
안을 느끼고 그 근원인 우로를 왜인의 힘을 빌려 제거했을지도 모른다.

그런데 첨해는 15년간 즉위하다 261년 겨울에 갑자기 병이 들어 죽
었다. 고대사 기록은 자주 짧은 문구에 많은 내용을 담고 있는데, 아마
도 이는 첨해가 살해되었다는 암시가 아닐까 싶다. 그렇다면 첨해가 아
들을 남기지 못한 것도 그 연장선에서 이해할 수 있다.

첨해에게 아들도 없고 우로도 이미 죽은 상황에서 미추는 유력한 왕위 계승자였다. 그리하여 그는 국인들의 추대를 받아 드디어 김씨 사상 처음으로 왕관을 쓰게 되었다. 261년 12월 28일의 일이었다. 하지만 재위 기간 중 특별히 기억될 만한 업적을 남기진 못했다. 다만 백성들의 고통을 헤아리며 민생을 챙긴 것은 기록으로도 분명히 나타난다.

이로 인해 그는 백성들로부터 많은 신뢰와 존경을 받았다. 위에서 언급한 댓잎군처럼 그가 죽은 후 만들어진 설화들이 그걸 증명한다. 미추가 죽은 후 김씨는 계속 왕위를 이어가지 못했으나 내물왕 대에 이르러 김씨 세습체제는 확고하게 굳어진다.

박혁거세가 신라를 건국했다고 하지만 김씨가 사실상 신라사의 주역이 되는 것이다. 그런 점에서 김씨 최초의 왕으로서 미추의 의미는 특별한 바가 있다.

1908년 12월 28일

일제, 동양척식주식회사 설립

1908년 12월 28일 일제가 조선의 토지와 자원을 수탈할 목적으로 식민지 착취 기관인 동양척식주식회사를 설립했다.

일제가 의회에서 동양척식회사법을 통과시키고, 이를 한국 정부에 강요하여 1,000만 원 자금으로 한국에서 척식 사업을 목적으로 한 회사를 설립한 것이다.

이 사업으로 일제는 조선의 토지를 강제로 빼앗아 그 토지를 소작인에게 빌려주어 농민들을 수탈하였다. 그 결과, 1926년까지 조선인 빈농

약 29만 9,000여 명이 토지를 상실하고 북간도로 이주하였다.

한편, 동양척식주식회사는 1917년 회사법을 개정하여 본점을 도쿄로 이전하고 착취의 대상과 범위를 몽골·러시아령 아시아·중국·필리핀 및 말레이 반도까지 넓혔다.

—

1926년 12월 28일

의열단원 나석주, 식산은행 등에 폭탄 투척 후 자결

—

의열단원 나석주가 식산은행과 동양척식주식회사에 폭탄을 던진 후 가지고 있던 총으로 자결하였다. 1926년 12월 28일의 일이었다.

한단군관학교 출신의 무관으로 의열단에 가입하였던 그는 톈진에서 귀국하였다. 동양척식주식회사와 식산은행을 파괴하기 위해서였다.

나석주는 일단 식산은행에 폭탄을 던져 일본인들을 죽였다. 그리고 곧바로 우리나라 경제를 착취하던 동양척식주식회사로 가서 기자와 사원들을 죽이고 폭탄을 던졌다. 하지만 이번에는 폭탄이 터지지 않았다.

그는 문 밖으로 나와 조선철도회사에 가서 일본인들을 저격하였다. 그리고 추격해 온 일본 경부를 죽이고 자신도 권총으로 자살한 것이다.

1962년 건국훈장 대통령장이 추서되었다.

12월의
모든 역사

12월 29일

■
．
．
．
■

1494년 12월 29일

연산군이 즉위하다

공명을 이루었어도 몸이 가면 단지 헛될 따름
다만 음악과 술에 취해 보세. 이런 편안함 말고 또 뭐가 있으리.
한때의 꽃다운 청년이여, 황토에 묻힌 길손 되었네.
이 세상에 다시는 돌아오지 못하려니 한 품은들 무엇 하리오.

-연산군

'태정태세문단세 예성연중인명선⋯⋯.' 우리가 입버릇처럼 외우는 조선 왕조의 역대 왕 명칭이다. 그런데 가만히 살펴보면 같은 '태'나 '세'라 하더라도 그 뒤에 붙는 글자는 반드시 '조祖'와 '종宗'으로 달랐다. 태조나 태종, 세조나 세종처럼 말이다. 이렇게 부르는 왕의 이름을 '묘호廟號'라고 하는데, '종'보다는 '조'가 약간 높게 여겨졌다.

하지만 세종을 보면 꼭 그런 듯싶지도 않다. 반면 연산군이나 광해군은 반정으로 인해 왕위에서 쫓겨나 왕자의 칭호로 격하된 경우이다. 광해군은 근래 긍정적 평가를 받는 추세이지만 연산군은 여전히 폭군의 대명사로 그 악명을 떨치고 있다.

성종은 아직 왕위에 오르기 전인 자을산군 시절 이미 한명회의 둘째 딸과 결혼을 하였는데, 이가 바로 공혜왕후이다. 하지만 그녀는 왕후가 된 지 불과 5년 만에 소생을 남기지 못한 채 세상을 떠났다. 그 뒤를 이어 1476년 연산군을 낳은 윤기견의 딸 숙의 윤씨가 새 왕비로 책봉되었다.

성종은 스캔들의 여왕으로 유명한 어우동과도 관계했다는 말이 돌 만큼 색을 밝혔는데, 중전 윤씨의 질투는 급기야 성종의 얼굴에 손톱자국을 내기에 이르렀다. 이로 인해 윤씨는 엄하기 짝이 없는 인수대비에게 단단히 찍혀 폐비되고 말았다.

그 경로는 달랐지만 연속으로 두 왕비를 잃은 성종은 다시 후궁 중에서 윤호의 딸을 중전으로 맞았다. 중종의 어머니인 정현왕후 윤씨였다. 문제는 폐비 윤씨의 아들인 원자 연산군이었다.

네 살 때 어머니가 쫓겨나 아직 내막을 알 리는 없었지만 이는 세상이 다 아는 공개적인 비밀이었다. 성종은 그래도 일단 이 사실을 발설하지 못하도록 강하게 입단속을 하였다. 한편 연산군을 정현왕후 윤씨

의 아들로 삼아 그녀가 기르도록 하였다. 이 때문에 연산군은 정현왕후
가 정말로 자신의 친어머니인 줄 알고 성장했다.

하지만 낳은 정이라는 것이 있는 것인지 연산군은 그녀를 별로 따르지
않았다. 정현왕후도 부덕이 있는 여자로 알려졌지만 자신이 아들을 낳으
면 연산군은 일종의 걸림돌이기 때문에 그에게 호의적이지 않았을 것으
로 보인다. 이런 것을 연산군이 직감적으로 알아차렸다고 할 수 있다.

1482년 연산군의 세자 책봉이 거론되자 폐비에 대한 동정론도 일어
났다. 당시 윤씨는 자신의 잘못을 깊이 뉘우치며 모든 행동에 조심하고
있었다. 그런데도 폐비의 동정을 엿보고 온 사람들이 거짓 보고를 올리
는 바람에 결국 그녀는 사사되고 말았다.

폐비가 죽고 그 이듬해인 1483년 성종은 인수대비의 반대 속에 연
산군을 세자로 책봉하였다. 아마 이때 정현왕후에게 아들이 있었더라
면 역사의 물결은 또 어떻게 바뀌었을지 모른다. 연산군이 13세가 되던
1488년에 와서야 비로소 정현왕후가 아들을 낳으니 이가 곧 진성대군
으로 후일 중종이 된다.

이후 연산군의 입지는 더욱 좁아졌다. 정현왕후가 자기 자식을 더욱
사랑하는 것은 극히 당연한 것이지만 자신에게는 차갑게 대하던 할머
니 인수대비도 진성대군을 끔찍이 사랑했던 것이다. 이는 은근히 연산
군의 가슴을 멍울지게 만들었다.

그래서였는지 세자 시절 연산군의 거친 성품을 보여 주는 일화가 전
한다. 성종이 어느 날 교육을 위해 연산군을 곁으로 불렀는데, 마침 사
슴 한 마리가 나타나 그의 옷과 손등을 핥았다. 어린 마음에 놀라기도
하고 또 옷이 더럽혀져 잔뜩 화가 난 연산군은 사슴을 발길로 세게 걷
어차 버렸다. 다른 사슴도 아니고 성종이 몹시 아끼던 애완동물이었다.

이 광경을 목격한 성종이 크게 노하여 연산군을 꾸짖었다. 여기에 앙심을 품은 연산군은 왕위에 오르자 제일 먼저 그 사슴을 직접 활로 쏴 죽였다고 한다.

가정사에서는 순탄치 못했지만 국가적으로는 태평성대를 이끌었던 성종은 1494년 38세의 일기로 사망하였다. 이에 연산군이 그 뒤를 이어 그해 12월 29일 19세의 나이로 왕위에 올랐다. 그는 어머니가 폐비되었다는 사실만 빼고는 실로 당당한 왕위 계승자였다.

성종은 자신이 죽은 뒤 100년 동안은 폐비 윤씨 문제에 관해 절대 논하지 말라는 유언을 남겼다. 연산군이 그 사실을 알게 되면 어떤 재앙이 빚어질지 몰라서였다. 성종의 이런 우려는 정확하여 연산군이 즉위한 지 10년이 지나 '갑자사화'라는 엄청난 피바람이 몰아치게 된다.

* 1482년 8월 16일 '성종, 폐비 윤씨를 사사하다' 참조
* 1504년 9월 29일 '갑자사화가 일어나다' 참조
* 1506년 11월 6일 '중종반정으로 연산군이 폐위되다' 참조

——

1967년 12월 29일

지리산, 최초의 국립공원으로 지정

——

1967년 3월에 공포된 「공원법」에 의거하여 그해 12월 29일 지리산이 국립공원으로 지정됨으로써 우리나라 최초의 국립공원이 되었다.

국립공원이란 한 나라의 자연풍경을 대표하는 경승지를 국가가 법에 의하여 지정하고 이를 유지·관리하는 공원을 가리킨다. 자연환경을 보

호할 뿐만 아니라, 국민의 레크리에이션 지역으로서, 또 국제적으로는 나라의 대표적 관광지로서의 역할을 한다.

지리산은 전라남도 구례군, 전라북도 남원시, 경상남도 하동군·산청군·함양군 등 3개 도, 5개 시·군, 15개 읍면에 걸쳐 있는 곳으로 그 면적이 440.485㎢에 이른다. 이곳에는 남한에서 두 번째로 높은 봉우리인 천왕봉(1,732m), 노고단(1,507m) 등 10여 개의 고산준봉이 있고 뱀사골 계곡, 칠선계곡, 대원사계곡 등 6개의 계곡과 구룡폭포, 불일폭포, 용추폭포 등 10여 개의 폭포가 있다. 또 화엄사, 쌍계사, 연곡사, 대원사, 실상사 등의 대사찰을 비롯한 수많은 암자와 문화재를 보유하고 있어 우리나라 불교의 산실이라고도 일컬어지고 있다.

피나물, 히어리, 지리털이풀, 구상나무 등 특산식물과 환경부 지정 특정 야생식물 126종 중 20%가 자생하고 있으며 곰, 하늘다람쥐, 붉은배새매, 까치살모사 등 희귀 동물들이 서식하고 있어 우리나라 자연자원의 보고라고도 할 수 있다.

지리산 국립공원에 이어 1968년 12월 31일에는 경주·한려해상·계룡산이 각각 국립공원으로 지정된 이후 2012년 현재 20개의 국립공원이 지정되어 있다.

1980년 12월 29일

정부, 리비아와 대사급 외교관계 수립

우리나라 정부가 1978년 5월 리비아와 영사관계를 맺은 뒤 2년 후인 1980년 12월 29일 대사급 외교관계를 수립하였다.

외교관계 수립 후 우리나라의 동아건설은 1983년 총 4,200km 이상 되는 세계 최대 규모의 리비아 대수로공사 중 1단계 공사 33억 달러를 수주하여 1991년에 완공하였다. 또한 2단계와 3단계 대수로공사도 수주함으로써 경제협력을 굳건히 해왔다.

한편 북한은 1974년 1월 수교하여 우리보다 먼저 대사관을 개설하였다.

* 1983년 11월 7일 '동아건설, 단일공사로는 세계 최대 규모인 리비아의 1단계 대수로공사 수주' 참조

12월의
모든 역사

12월 30일

■
·
■

1917년 12월 30일

저항 시인 윤동주가 태어나다

죽는 날까지 하늘을 우러러 한 점 부끄럼이 없기를
잎새에 이는 바람에도 나는 괴로워했다.
별을 노래하는 마음으로 모든 죽어가는 것을 사랑해야지.
그리고 나한테 주어진 길을 걸어가야겠다.
오늘 밤에도 별이 바람에 스치운다.

-윤동주, 「서시」

안수길의 소설 중에 「북간도」라는 빼어난 작품이 있다. 실제로 작가는 일제시대에 간도에서 생활하였다. 본래 간도는 압록강 건너 서간도와 두만강 이북의 동간도로 나뉘는데, 우리가 간도라고 하면 보통 동간도를 가리킨다.

북간도는 동간도와 같은 의미로 쓰이는데, 오늘날 연변조선족 자치주가 여기에 해당된다. 이곳에는 조선시대 후기부터 이미 우리 민족의 이주가 이루어졌다. 그 후 일제시대 때 착취에 시달리던 농민과 애국지사들이 몰려들면서 독립운동의 본거지가 되었다. 민족시인 윤동주가 이곳 북간도 출신인 데에는 이런 역사적 배경이 있다.

짧은 인생을 살다 갔으나 국민들의 가슴속에 불꽃처럼 살아 있는 윤동주는 1917년 12월 30일 명동촌에서 윤영석의 장남으로 태어났다. 어머니 김용은 독립운동가인 규암 김약연의 누이였다. 할아버지가 교회의 장로를 맡고 있을 만큼 그의 집안은 기독교 신앙으로 충만하였다.

그는 아홉 살 되던 해인 1925년 명동소학교에 입학했는데, 고종사촌 송몽규와 통일운동으로 이름을 남긴 문익환이 같은 급우가 되었다. 이들은 죽마고우처럼 다정히 붙어 지내며 1929년에는 「새명동」이라는 등사판 잡지를 내 문학적 소질을 드러내기도 했다.

1931년 명동소학교를 졸업한 윤동주는 이듬해 송몽규, 문익환 등과 함께 캐나다 선교단에서 운영하는 용정의 은진중학교에 입학했다. 송몽규는 이 시절 「동아일보」 신춘문예 콩트 부문에 「술가락」을 당선시켜 윤동주에게 큰 자극을 안겨 주었다. 윤동주는 자신보다 늘 한 발짝 빠른 송몽규에 대해 열등감을 가졌는데, '대기만성'이라는 말로 위안을 삼았다고 한다.

1935년 봄에 윤동주는 문익환과 함께 평양 숭실중학교로 편입하였

다. 하지만 시험을 잘못 치르는 바람에 문익환보다 1학년이 낮은 3학년
으로 들어갔다. 우여곡절 끝에 편입한 이곳에서 「남쪽 하늘」 「조개 껍
질」 등의 시를 쓰던 윤동주는 일제의 신사참배 강요로 이듬해 학교가
문을 닫자 다시 용정으로 돌아왔다. 그 후 광명학원 중학부에서 학업을
재개하면서 월간 아동잡지 『카톨릭 소년』에 동시 「오줌싸개 지도」 「병
아리」 등을 발표했다.

　1938년 윤동주는 평생의 벗이며 친척이자 동지인 송몽규와 함께 나
란히 연희전문 문과에 입학했다. 이 학교는 외국인 선교사 언더우드가
세운 기독교 계열인데다 민족의식을 지닌 교수들이 많이 자리하고 있
었기 때문이었다. 윤동주에게 연희전문이야말로 시 창작에 몰두하여
의미 있는 작품들을 남긴 중요한 시절이었다.

　1939년에는 산문 「달을 쏘다」가 「조선일보」에, 1941년에는 「자화상」
과 「새로운 길」이 연전 문과에서 발행한 『문우』지에 발표되었다. 또한
그해 11월 지금도 온 국민이 애송하는 「서시」를 남겼다.

　윤동주는 1941년 대학 졸업 기념으로 19편의 시를 모아 『하늘과 바
람과 별과 시』를 출간코자 하였다. 하지만 일제 말기의 최후 발악적인
험한 분위기와 경제적 문제로 포기하였다. 대신에 자필로 세 부를 만들
어 이양하 교수와 후배 정병욱에게 한 부씩 나누어주고 나머지는 자신
이 가졌다.

　1942년 그는 송몽규와 일본 유학을 떠나는데, 이를 위해 자신의 성
을 일본식으로 '히라누마平沼'라 고쳤다. 그의 삶에 낀 녹으로 자주 지적
되는 부분이다. 「참회록」이라는 제목의 시는 바로 이 '창씨개명'을 앞에
놓고 스스로 개탄하여 쓴 시였다.

　일본에 건너간 윤동주는 처음 도쿄에 있는 릿쿄 대학교 영문과에 들

어갔다가 다시 교토의 도시샤同志社 대학교로 전학했다. 그러다가 이듬해인 1943년 7월 여름방학을 맞아 고향으로 막 돌아가려는데 송몽규와 함께 항일운동을 획책하는 사상범으로 체포되었다.

1944년 징역 2년을 선고받고 후쿠오카 형무소에 갇힌 윤동주는 안타깝게도 광복을 불과 반년 앞두고 끝내 숨을 거두었다. 이때 윤동주는 이름 모를 이상한 주사를 맞았다고 하는데, 일제의 잔악한 생체실험으로 추측되고 있다.

윤동주의 시가 독자들에게 깊은 울림을 주는 것은 시 자체의 힘도 있겠지만 바로 이런 숭고한 희생이 결부되어 있기 때문일 것이다.

* 1948년 1월 30일 '윤동주 『하늘과 바람과 별과 시』 출간' 참조

1859년 12월 30일

조선말 의병장 이강년 출생

1895년 이후 을미의병을 일으켰던 의병장 중의 한 사람이었던 이강년이 철종 9년인 1859년 12월 30일 경북 문경에서 아버지 이기태와 어머니 의령 남씨 사이에서 태어났다.

그는 1894년 동학농민운동이 일어나자 동학군에 투신하였으며, 1895년 을미사변, 단발령 등 일련의 사건을 계기로 문경에서 다시 의병을 일으켰다. 당시 왜적의 앞잡이로서 양민을 토색질하던 안동관찰사 김석중 등 3명을 생포하여 응징한 뒤 유인석 의병진의 유격장이 되어 맹활약하였다.

1907년 3월 다시 의병을 일으켜 민긍호 의진, 조동교·오경묵·정대무 의진 등과 연합하여 제천전투에서 500여 명의 적을 토멸하는 전과를 올렸다. 그 후 각지에서 모여든 의병 40여 진에 의해 도창의대장으로 추대된 뒤 충주 진격 계획을 세웠으나 수포로 돌아갔다. 그러나 갈평, 제천 추치, 풍기 백자동 전투에서 상당한 전과를 올렸다.

그 뒤 이인영과 허위 등을 주축으로 대일연합전선을 꾀하기 위해 13도창의대가 결성되자 이강년은 호서창의대장에 선임되었다. 한성으로 진공하려다 실패한 뒤에는 1908년 3월 12일의 강원도 인제 백담사 전투와 영양 서벽전투, 4월 6일 봉화 내성전투 그리고 4월 8일의 봉화 재산의 전투에서 전과를 올렸다.

그러나 6월 4일 청풍 까치성 전투에서 고전하다가 복사뼈에 탄환을 맞고 적에게 사로잡혀 충주로 압송당했다. 그 후 평리원에서 교수형을 선고받고 1908년 10월 13일 51세로 생을 마쳤다.

1945년 12월 30일

한민당 수석총무 송진우가 암살당하다

1945년 12월 30일 아침 6시경, 한국민주당(한민당) 수석총무이던 송진우가 자택에서 괴한 6명의 총격을 받고 암살되었다. 12월 29일 밤 8시부터 다음 날 새벽 4시까지 계속되었던 경교장의 반탁회의에 참석하고 귀가하여 취침하던 중 참변을 당한 것이다.

범인은 우익단체 활동가였던 한현우 등 일당이었다. 그는 "4개국 신탁통치를 받을 바에는 차라리 미 군정을 연기하는 것이 낫겠다"고 말한

송진우의 '훈정설'에 분개해서 암살을 기도한 것으로 밝혀졌다.

한현우는 1946년 4월 9일 체포되어 무기징역을 선고받았다. 하지만 1948년 대한민국 정부 수립과 함께 특사로 사면되었다.

1960년 12월 30일

윤보선 대통령, 경무대를 청와대로 개칭

윤보선 대통령이 제2공화국 대통령으로 취임한 뒤 경무대에서 느껴지는 부정과 부패의 이미지에서 벗어나고자 대통령 관저 이름을 '청와대'로 바꿨다. 1960년 12월 30일의 일로, 경무대의 기와가 푸른색이라는 데 착안한 것이었다.

청기와가 우리나라 고유의 문화재인 만큼 고유한 전통을 지닌 집이라는 뜻이 있고 미국의 '화이트 하우스'와 대조적인 '블루 하우스'란 의미도 들어 있었다.

한편 경무대라는 명칭은 본래 뒤에 버티고 있는 북악산玄武에 빛景이 길이 빛나길 바라는 마음에서 정해졌었다.

12월의
모든 역사

12월 31일

.
.
.

1967년 12월 31일

이순신의 『난중일기』가 도난당하다

모든 장수와 군사들이 이 말을 듣고는 더욱더 분하게 여겨 서로 돌아보면서 기운을 가다듬어 한 마음으로 힘을 합하였다. 곧 천성·가덕·부산 등지로 향하여 그 적선을 섬멸하려고 생각하였다.

하지만 위의 적선이 정박하고 있는 곳은 지세가 좁고 얕아서 판옥선과 같은 큰 배로는 싸우기가 매우 어려울 뿐 아니라, 우수사 이억기가 미처 달려오지 않아서 홀로 적 속으로 진격하기에는 세력이 너무나 외롭고 위태로웠다.

이에 원균과 함께 계획을 논의하고 별도로 기묘한 계획을 짜내어 나라의 치욕을 씻으려고 했는데, 도사 최철견의 첩보가 뜻밖에 도착하여 비로소 임금께서 관서로 옮겨 가신 기별을 알게 되었다. 놀랍고 통분함이 망극하여 종일토록 서로 붙들고 오장이 찢어지는 듯하고, 울음소리와 눈물이 한꺼번에 터졌다.

-『난중일기』, 1592년 음력 6월 17일

온갖 귀한 보물들을 소장한 세계 유수의 박물관에는 언제나 삼엄한 경계가 펼쳐진다. 그래도 어딘가에 있을 허점을 노려 그 물건을 훔치려는 무리들은 존재한다.

1999년 세계를 뜨겁게 달구었던 영화 「함정수사Entrapment」는 그것을 잘 그려내고 있다. 캐서린 제타 존스가 온몸을 꿈틀거리며 레이저빔을 피해 고대 중국의 황금 가면을 손에 넣는 장면은 수많은 관객들의 숨을 멎게 만들었다. 캐서린의 뇌쇄적인 관능미에 최첨단의 경계망을 무용지물로 만드는 도둑들의 현란한 기술이 더해진 때문이었다.

이런 영화 속의 장면까지는 아니지만 우리나라에서도 국보급 문화재들은 숱한 도난을 당했다. 일제시대인 1927년에는 경주박물관에 있던 순금 허리띠와 장식물이 몽땅 털렸다. 이는 근대에 들어와 최초로 발생한 문화재 도난 사고였다. 이것은 금관총에서 출토된 유물들이었는데, 다행히도 범인이 처분을 못하고 보자기에 싸서 버리는 바람에 무사히 박물관에 돌아올 수 있었다.

그리고 1967년에는 덕수궁미술관 전시실에 진열돼 있던 '연가 7년명' 금동여래입상이 감쪽같이 사라져 세상을 발칵 뒤집어 놓았다. 하지만 범인이 한강철교 교각 밑에 훔친 불상을 갖다 놓았으니 찾아가라고 연락해 와 쉽게 찾았다. 2003년에도 공주박물관에서 공주의당금동보살입상 등이 강탈되었으나 범인들이 모두 검거되면서 유물도 무사히 회수되었다.

이처럼 대개는 불상이나 금관 등 공예품들이 도난의 대상이 되지만 가끔은 고서적들도 도둑들의 손길을 타곤 한다. 임진왜란 연구에 더할 수 없이 소중한 자료인 이순신의 『난중일기』도 그중 하나이다.

『난중일기』는 본래 이순신이 임진왜란 중 진중에서 겪은 일들을 7년

에 걸쳐 쓴 일기로 친필 초고가 아산 현충사에 보관되어 있다. 이순신
이 처음부터 이 일기에 '난중일기'라는 이름을 붙인 것은 아니었다. 정
조 때에 『이충무공전서』를 편찬하면서 편의상 '난중일기'라는 이름으
로 5권부터 8권까지 수록한 것이 그 계기였다.

　그런데 친필 초고본과 『이충무공전서』에 실린 『난중일기』의 내용을
비교해 보면 서로 상당히 다르다. 그렇다면 왜 이런 일이 벌어졌을까?
그것은 초서로 된 이순신의 친필 초고를 정자로 베껴 판각하는 과정에
서 많은 부분이 생략되었기 때문이다.

　반면 『이충무공전서』에 기록된 내용이 초고본에는 보이지 않는 경우
도 있다. 임진년·을미년·무술년에서 그런 현상이 나타나는데, 이는 초
고본이 어느 시점에서 유실된 탓이다. 따라서 『난중일기』는 이 두 가지
를 퍼즐처럼 맞추어야 온전히 구성될 수 있다.

　그런데 이 친필 초고본 『난중일기』의 가치에 주목하고 눈독을 들이
던 일군의 무리가 있었다. 1967년 12월 25일 유근필은 부산 시내 모 다
방에서 강찬순·박훈태·정선찬과 만나 이순신의 유품을 훔치기로 모
의하였다. 이에 이틀 뒤 이남출과 정선찬을 현충사에 보내 현장을 사전
답사한 후 범행에 필요한 드라이버 등 공구를 구입하였다.

　모든 준비가 끝나자 이들은 12월 30일 온양으로 이동해 현충사 뒷산
에 숨어서 밤이 깊어지기만을 기다렸다. 세상은 한 해가 저물어 가는
세밑 분위기로 어수선하기만 하였다.

　드디어 12월 31일 새벽이 되었다. 이들은 살살 현충사 경내로 잠입
하여 이미 위치를 파악해 둔 『난중일기』를 훔쳐 유유히 빠져나왔다. 이
듬해 1월 1일 부산에 돌아온 이들은 주범 유근필에게 훔쳐온 『난중일
기』를 건네주었다. 물건을 넘겨받은 유근필은 일단 이것을 이웃에 사는

강찬순에게 맡긴 후 골동품상이자 장물아비인 박훈태와 허세조를 만나 처분을 의논했다. 그 결과, 박훈태가 일본에 건너가 이를 1,000만 원에 팔아 나눠 갖기로 합의했다.

사건이 발생하자 정부는 대통령이 직접 특별담화문까지 발표하며 범인 검거에 강한 의지를 보였다. 그런데 1968년 1월 9일, 부산시경에 난데없이『난중일기』의 행방을 알리는 제보가 들어왔다. 범인의 조카로 알려진 그는 이순신의 유물을 일본에 팔아넘기는 것을 도저히 두고 볼 수 없어 신고한 것이었다.

그리하여 일본에 유출되기 직전『난중일기』는 가까스로 구출되었다. 주범인 유근필은 교감까지 지낸 데다 이전에도 다른 보물들을 훔친 게 드러나 많은 충격을 주었다.

문화재 도난을 막기 위해선 일반 시민의 양식이 무엇보다 중요함을 알 수 있다. 하지만 보관과 처벌의 강화도 이와 수반되지 않으면 안 된다. 인간의 양심은 한계가 있다는 것을 역사는 자주 그리고 선명히 보여 주고 있기 때문이다.

—

1977년 12월 31일

한국과 미국, 박동선 사건과 관련한 공동성명 발표

—

1977년 12월 31일, 한국과 미국 양국은 이른바 '박동선 사건'과 관련해서 박동선이 미국 정부로부터 전면사면권을 받는 조건으로 증언에 응할 것이라는 공동성명을 발표하였다.

일명 '코리아게이트'로도 불리는 박동선 사건은 재미실업가 박동선이 90여 명의 의원 및 공직자에게 거액의 뇌물을 제공한 일을 가리킨다. 1976년 10월 24일자 「워싱턴 포스트」가 폭로하면서 시작되었다.

당시 우리나라 정부는 박동선과 무관하다는 성명을 발표하였다. 그러자 「워싱턴 포스트」는 청와대 도청설을 추가로 터뜨려 증거가 있음을 주장했고, 미국 의회와 국무부는 박동선의 송환을 요구하였다. 하지만 우리나라 정부는 미국 측이 청와대를 도청한 사실을 중대한 주권 침해 행위로 간주하여 송환을 거부하였다. 이에 양국 간에 외교 마찰이 생겼다. 이후 여러 차례의 회담을 거쳐 공동성명에 합의하기에 이른 것이다.

이 사건은 이후 1978년 9월 19일 미국 주재 한국 대사를 지낸 김동조가 미국 하원 윤리위원회의 서면질문에 답변서를 보내고, 10월 16일 미국 하원 윤리위원회가 조사보고서를 발표함으로써 일단락되었다.

—

1920년 12월 31일

일제, 구舊 한국 화폐의 통용 금지 발표

—

1920년 12월 31일 일제가 한국의 화폐 제도를 말살하고 막대한 자금을 약탈하고자 구舊한국 화폐의 유통을 최종적으로 금지하는 법안을 발표하였다.

1918년에 일본 대장대신과 조선총독이 일본 「화폐법」을 조선 내에 실시하기로 합의한 다음, 법률 제23호와 칙령 제3호로 엽전을 제외한 구舊한국 정부의 모든 화폐의 유통을 금지시킨 것이다.

이로써 식민지 한국과 일본에서 동일한 화폐 제도가 실시되었고, 1921년부터는 「구한국 화폐 처분령」에 따라 엽전을 제외한 구한국 화폐의 유통이 금지되었다.

이에 앞서 일제는 1910년 조선을 병합하고 조선의 화폐 주권을 빼앗아 화폐 단위를 종래의 환에서 일본의 원으로 바꾸었다. 1911년에는 당시에 유통되던 통화와 엽전을 회수하여 일본 화폐로 통일하는 방침을 채택한 바도 있었다.

1980년 12월 31일

언론 통제 위한 「언론기본법」 제정

1980년 12월 31일 국가보위입법회의에서 법률 제3347호로 「언론기본법」을 제정하였다.

이 법은 '언론의 공적 과업'의 개념을 기초로 해서 제정되었으며, 이전에 있었던 「신문 · 통신사 등의 등록에 관한 법률」 「방송법」 「언론윤리위원회법」 등을 통합해서 하나의 법으로 만든 것이다. 하지만 「언론기본법」은 언론을 통제하기 위한 제도적 장치 역할을 하였다.

아울러 실시된 언론통폐합 조치로 인해 합동통신과 동양통신이 합병되어 연합통신으로 발족하였다. 기타 시사 · 경제 · 산업 등 군소 통신사는 문을 닫았다.

그러나 1983년부터 폐지 여론이 일어 1987년 11월 폐지되었다. 이에 따라 이후 「정기간행물의 등록 등에 관한 법률」이 제정되었다.

* **1952년 4월 20일 '동양통신 창설' 참조**

12월의 모든 역사_한국사

초판 1쇄 인쇄 2012년 12월 1일
초판 1쇄 발행 2012년 12월 5일

지은이 이종하

펴낸이 김연홍
펴낸곳 디오네

출판등록 2004년 3월 18일 제313-2004-00071호
주소 121-865 서울시 마포구 연남동 224-57
전화 02-334-7147 **팩스** 02-334-2068
주문처 아라크네 02-334-3887

ISBN 978-89-98241-05-6 03900